Curso

*La diferencia entre aprobar
y sacar plaza*

Auxiliar Técnico/a Educativo/a

COMUNIDAD AUTÓNOMA DE LES ILLES BALEARS

Si aún no dispones de tu **Curso MAD360**, te ofrecemos un acceso GRATIS de 30 días para que disfrutes de los siguientes recursos:

- Técnicas de Memoria 360.
- MADTEST: Test *online* Nivel PRO.
- Temario en formato digital.
- Planificación de estudio.
- Foro entre opositores hasta la fecha del examen.*
- Recursos y novedades exclusivas.
- Consúltanos sobre tu oposición y proceso selectivo.
- Actualizaciones legislativas (Boletines Oficiales) hasta 60 días antes de la fecha del examen.*

Para acceder a esta prueba del Curso MAD360** será necesaria la compra de todos los libros para esta especialidad de la edición 2025.

Regístrate en **mad.es/iniciar-sesion** y en la pestaña BIBLIOTECA valida los códigos que encuentras en la última página de tus libros.

AF212444

Auxiliar Técnico/a Educativo/a de la Administración de la Comunidad Autónoma de las Illes Balears

Abril 2025

Auxiliar Técnico/a Educativo/a de la Administración de la Comunidad Autónoma de las Illes Balears

Test y Supuestos prácticos

Autores

ROCÍO CLAVIJO GAMERO
Licenciada en Psicología

TERESA MARÍA TORRES FONSECA
Licenciada en Derecho

JOSÉ LUIS GARRIDO VELA
Licenciado en Derecho

M.ª DOLORES RIBES ANTUÑA
Auxiliar de Puericultura, Diplomada en Profesorado de EGB y Licenciada en Filosofía y Ciencias de la Educación

LIDIA MARINA PONCE MARTÍNEZ
Licenciada en Psicología
Máster en Terapia Familiar y de Sistemas

© 7 Editores Recursos para la Cualificación Profesional y el Empleo, S.L. (7 Editores)
©Los autores
Primera edición, abril 2025 (226 páginas)
Derechos de edición reservados a favor de 7 Editores
IMPRESO EN ESPAÑA
Diseño Portada: 7 Editores
Edita: 7 Editores
Avda. San Francisco Javier, 9 · Edificio Sevilla 2 · Planta 11 · Módulos 25-27 · 41018 Sevilla
Teléfono: 954 784 411 · WEB: www.mad.es · e-mail: administracion@7editores.com
ISBN: 978-84-142-9386-7
© "Editorial Mad" y "Eduforma" son nombres comerciales registrados de
7 Editores Recursos para la Cualificación Profesional y el Empleo, S.L.

Índice

TEST

SUPUESTOS PRÁCTICOS

TEST

La Constitución Española de 1978: características y principios generales. El Estatuto de Autonomía de las Illes Balears: contenido básico y principios generales

1. ¿En qué se fundamenta la Constitución Española?

a) En un Estado social y democrático de Derecho.
b) En la indisoluble unidad de la Nación española.
c) En la independencia de los poderes del Estado.
d) En la organización territorial del Estado.

2. Según el artículo 3 de la CE, el castellano es la lengua oficial del Estado y todos los españoles:

a) Tienen el deber de usar y el derecho de conocer el castellano.
b) Tienen el derecho y el deber de conocer el castellano.
c) Tienen el deber de conocer y el derecho de usar el castellano.
d) Tienen el derecho de conocer y usar el castellano.

3. La Constitución Española reconoce y garantiza el derecho a la autonomía:

a) De las nacionalidades que la integran.
b) De las regiones que la integran.
c) De las Comunidades Autónomas que la integran.
d) De las nacionalidades y regiones que la integran.

4. El Preámbulo de la Constitución:

a) Tiene en sí carácter de norma jurídica.
b) Es una declaración de intenciones, destinada a interpretar lo que se quiere alcanzar con el contenido normativo de la Constitución.

c) Se trata de un texto sin fuerza jurídica de obligar.
d) Las respuestas b) y c) son correctas.

5. Señala la respuesta correcta, respecto de la aprobación, ratificación y publicación de la Constitución Española:

a) Aprobada por las Cortes el 31 de octubre de 1978, ratificada por el pueblo en referéndum el 6 de diciembre de 1978 y publicada el 29 de diciembre de 1978.
b) Aprobada por las Cortes el 30 de octubre de 1978, ratificada por el pueblo en referéndum el 16 de diciembre de 1978 y publicada el 27 de diciembre de 1978.
c) Aprobada por las Cortes el 31 de octubre de 1978, ratificada por el pueblo en referéndum el 16 de diciembre de 1978 y publicada el 29 de diciembre de 1978.
d) Aprobada por las Cortes el 10 de octubre de 1978, ratificada por el pueblo en referéndum el 26 de diciembre de 1978 y publicada el 30 de diciembre de 1978.

6. ¿En qué parte de la Carta Magna se establece la exposición de motivos que impulsan la norma constitucional y los objetivos que con ella se pretenden alcanzar?

a) En el Título Preliminar.
b) En el Preámbulo.
c) En el Título I.
d) En el Título II.

7. La Constitución Española fue sancionada por:

a) El Rey.
b) El Presidente del Congreso.
c) Las Cortes Generales.
d) El Presidente del Gobierno.

8. ¿Cuáles de los siguientes españoles de origen pueden ser privados de su nacionalidad?

a) Exclusivamente los miembros de grupos terroristas.
b) Los miembros de grupos terroristas y los que atenten contra el Rey u otro miembro de la Casa Real.
c) Los que atenten contra un miembro de la Familia Real o del Gobierno de la Nación.
d) Ningún español de origen podrá ser privado de su nacionalidad.

9. Según la CE son fundamentos del orden político y la paz social:

a) La dignidad de la persona, los derechos violables que les son inherentes y el respeto a la ley.
b) La dignidad de la persona, el desarrollo limitado de la personalidad y el respeto a la ley.

c) El respeto a la ley, a los reglamentos administrativos y demás disposiciones legales.

d) La dignidad de la persona, los derechos inviolables que le son inherentes, el libre desarrollo de su personalidad, el respeto a la ley y a los derechos de los demás.

10. ¿Cuál de los siguientes es considerado por la CE como uno de los valores superiores del ordenamiento jurídico?

a) La jerarquía normativa.
b) El pluralismo político.
c) La publicidad normativa.
d) La equidad.

11. La forma política del Estado español es:

a) Democracia parlamentaria.
b) Gobierno parlamentario.
c) Monarquía parlamentaria.
d) República democrática.

12. La parte de la CE que regula la estructura de los principales órganos del Estado recibe el nombre de:

a) Parte dogmática.
b) Parte orgánica.
c) Parte estatal.
d) Parte estructural.

13. Según la CE, la soberanía nacional:

a) Corresponde a las Cortes Generales, al estar compuestas por los representantes del pueblo.
b) Corresponde al Rey.
c) Reside en el pueblo español.
d) Corresponde al Gobierno de la Nación elegido directamente por el pueblo.

14. ¿En qué parte de la Carta Magna se señalan los valores superiores del ordenamiento jurídico?

a) En el Preámbulo.
b) En el Título Preliminar.
c) En el Título I.
d) Ninguna respuesta es correcta.

15. ¿Cuál de las siguientes es una de las características de nuestra Constitución de 1978?

a) Consensuada.
b) Corta.

c) Conservadora.
d) Originalidad.

16. Son el fundamento del orden político y de la paz social:

a) El libre desarrollo de la personalidad.
b) Los derechos inviolables que les son inherentes.
c) El respeto a la ley y a los derechos de los demás.
d) Todas las respuestas son correctas.

17. ¿Qué quedará excluido de extradición?

a) Los delitos criminales.
b) Los delitos políticos.
c) Los actos de terrorismo.
d) Ninguno.

18. ¿Qué debe ser democrático, a tenor de lo dispuesto en la Constitución Española, en los sindicatos de trabajadores y las asociaciones empresariales?

a) Su funcionamiento.
b) Su estructura interna.
c) Su funcionamiento y estructura interna.
d) Sus órganos asamblearios.

19. ¿De cuántos Capítulos consta el Título I de la CE de 1978?

a) De tres.
b) De cinco.
c) De dos.
d) De cuatro.

20. El derecho a la propiedad en nuestra Constitución es un Derecho:

a) Inherente a la condición humana.
b) Absoluto.
c) Que está limitado por la función social de la misma.
d) Ninguna de las respuestas anteriores es correcta.

21. Dispone la Carta Magna que todos contribuirán al sostenimiento de los gastos públicos de acuerdo con su capacidad económica mediante un sistema tributario justo inspirado en los principios de:

a) Legalidad y equidad.
b) Igualdad y progresividad.

c) Publicidad y legalidad.
d) Eficacia y sostenibilidad.

22. En virtud del principio de progresividad tributaria:

a) Se implantarán paulatinamente cada vez mayores tributos.
b) Los tipos impositivos serán regresivos.
c) Prima el principio de igualdad en el pago de los tributos.
d) Nada de lo expuesto es cierto.

23. Según la Constitución, el Estado es:

a) Apolítico.
b) Aconfesional.
c) De bienestar social.
d) Federal.

24. El derecho a la vida se consagra en el siguiente artículo de la Constitución:

a) 10.
b) 16.
c) 15.
d) 24.

25. La pena de muerte en España:

a) Ha quedado abolida.
b) Puede aplicarse en cualquier momento.
c) Solo se aplicará, en tiempo de guerra, a los militares.
d) Rige solo en el ámbito civil.

26. La inmediata puesta a disposición judicial derivada del habeas corpus, se produce por:

a) Detención ilegal.
b) Prisión ilegal.
c) Prisión preventiva.
d) Detención preventiva.

27. El proceso en el que se enjuicie a un presunto delincuente debe:

a) Ser sumario.
b) No dilatarse.
c) Entorpecer los instrumentos probatorios.
d) Nada de lo anterior es cierto.

28. La entrada en un domicilio en caso de flagrante delito, sin autorización de su titular:

a) Puede dar lugar a la aplicación del habeas corpus.
b) Requiere autorización previa de la autoridad judicial.
c) Puede efectuarse en todo momento.
d) No puede realizarse en momento alguno.

29. Cuando, al conocerse la comisión de un delito por una persona, se acude a su domicilio para detenerla:

a) Está obligada a franquear la entrada.
b) Se necesitará autorización judicial para entrar, si no da su consentimiento para ello.
c) Pese a que no dé su consentimiento, se puede entrar.
d) Nada de lo anterior es correcto.

30. La autorización previa para celebrar una manifestación pública:

a) La da el Subdelegado del Gobierno en la Provincia.
b) Es ineludible.
c) Sería inconstitucional.
d) Se da cuando no se prevean alteraciones al orden público, con peligro para personas o bienes.

31. El tipo de sufragio que consagra la Constitución es el:

a) Proporcional.
b) Universal.
c) Censitario.
d) Las respuestas a) y b) son correctas.

32. Además de la no autoinculpación, la Constitución prevé que no se está obligado a declarar sobre un hecho presuntamente delictivo en caso de:

a) Parentesco y afinidad.
b) Cláusula de conciencia.
c) Secreto profesional.
d) Las respuestas a) y b) son correctas.

33. Los Tribunales de Honor están prohibidos respecto de los/la/las:

a) Sindicatos y Organizaciones Profesionales.
b) Administración Civil y Militar.
c) Organizaciones Profesionales y la Administración Civil.
d) Todas las respuestas anteriores son correctas.

34. El secreto profesional, constitucionalmente, sirve para:

a) Ejercer con libertad una profesión titulada.
b) La libertad de creación científica y técnica.
c) No declarar sobre hechos presuntamente delictivos.
d) Todo lo anterior.

35. La fundación de una Internacional Sindical por un sindicato español:

a) Es libre.
b) Está prohibida.
c) Debe plasmarse en un Tratado Internacional.
d) Nada de lo anterior es cierto.

36. El ejercicio del derecho de petición a través de una manifestación ciudadana:

a) No se admite.
b) Se admite en algún caso.
c) Se admite, salvo para los militares.
d) Ni se admite ni se prohíbe.

37. Nuestro sistema tributario ha de ser:

a) Regresivo e igualitario.
b) Progresivo y generalizado.
c) Confiscatorio.
d) Justo y regresivo.

38. Las Fundaciones son:

a) Entidades constituidas para fines de interés general.
b) Administración Corporativa.
c) Entidades privadas con fines de carácter también privado.
d) Asociaciones de personas para conseguir fines de interés general.

39. La asistencia de todo orden a los hijos habidos extraconyugalmente:

a) No está prevista en la Constitución.
b) Es un deber de los padres.
c) Se dispensará por Instituciones de Beneficencia.
d) Se dispensa solo a los que de ellos tengan discapacidad.

40. La especulación urbanística, según la Constitución:

a) Debe evitarse.
b) Está permitida.
c) Genera plusvalías para la colectividad.
d) Pueden hacerla los poderes públicos.

41. No es susceptible de recurso de amparo el derecho a la/de:

a) Sindicación.
b) Investigación científica.
c) Secreto de las comunicaciones.
d) Lo son todos ellos.

42. No es susceptible de recurso de amparo el derecho de:

a) Libertad de cátedra.
b) Negociación colectiva.
c) Manifestación.
d) Huelga.

43. Es susceptible de recurso de amparo el derecho a la/de:

a) Libre sindicación.
b) Petición.
c) Cláusula de conciencia.
d) Lo están todos ellos.

44. Una vez declarado el estado de excepción no se puede suspender el derecho/ libertad de:

a) Huelga.
b) Enseñanza.
c) Adopción de medidas de conflicto colectivo.
d) Libertad de circulación.

45. Durante el estado de excepción, un detenido conserva el derecho de/a:

a) Setenta y dos horas para ser puesto a disposición judicial.
b) Secreto de comunicaciones.
c) Asistencia de Letrado.
d) Ninguno de ellos.

46. Se puede suspender, con motivo de investigaciones relativas a bandas armadas, el derecho de:

a) Huelga.
b) Inviolabilidad del domicilio.
c) Libertad de circulación.
d) Las respuestas b) y c) son correctas.

47. Nuestra Constitución trata de los derechos y deberes fundamentales de los españoles en su Título I, denominado:

a) De los derechos y deberes fundamentales.
b) De los deberes de los españoles.

c) De los derechos de los españoles.

d) De los derechos y deberes principales de los españoles.

48. ¿En qué artículos de nuestra CE se recogen los derechos fundamentales y de las libertades públicas?

a) En los artículos 10 a 43.

b) En los artículos 25 a 38.

c) En los artículos 31 a 45.

d) En los artículos 15 a 29.

49. Según el artículo 12 del Estatuto de Autonomía, la Comunidad Autónoma de las Illes Balears fundamenta el derecho al autogobierno en los valores del respeto a la dignidad humana, la libertad, la igualdad, la justicia, la paz y:

a) Los derechos humanos.

b) El bienestar social.

c) El pluralismo político.

d) La legalidad.

50. Según el artículo 17 del Estatuto de Autonomía de la Comunidad Autónoma de las Illes Balears, todas las mujeres y hombres tienen derecho al libre desarrollo de su personalidad y capacidad personal, y a vivir con dignidad, seguridad y:

a) Libertad.

b) Autonomía.

c) Independencia.

d) Bienestar.

51. ¿Qué artículo del Estatuto de Autonomía de la Comunidad Autónoma de las Illes Balears (Ley Orgánica 1/2007, de 28 de febrero) reconoce el derecho de acceso a una vivienda digna de los ciudadanos de las Illes Balears?

a) Artículo 15.

b) Artículo 18.

c) Artículo 20.

d) Artículo 22.

52. Según el artículo 28 del Estatuto de Autonomía de la Comunidad Autónoma de las Illes Balears, en relación con sus datos personales que figuren en los ficheros de titularidad de las Administraciones Públicas de la Comunidad Autónoma y de los entes u organismos de cualquier clase vinculados o dependientes de las mismas, todas las personas tienen derecho al acceso, la protección, la corrección y:

a) Caducidad.

b) Seguridad.

c) Omisión.

d) Cancelación.

53. Los miembros del Consejo Audiovisual de las Illes Balears son nombrados por el Parlamento de las Illes Balears mediante el voto favorable de:

a) La mayoría simple de sus miembros.
b) La mayoría absoluta de sus miembros.
c) Las tres quintas partes de sus miembros.
d) Los dos tercios de sus miembros.

54. ¿Quién nombra al Presidente del Tribunal Superior de Justicia de las Illes Balears?

a) El Rey, a propuesta del Consejo General del Poder Judicial.
b) El Presidente del Gobierno, a propuesta del Consejo General del Poder Judicial.
c) El Rey, a propuesta del Gobierno de la Nación.
d) El Presidente del Consejo de Gobierno, a propuesta del Consejero competente en materia de justicia.

55. Uno de los principios en que se fundamenta la financiación de la Comunidad Autónoma de las Illes Balears, es, según el artículo 120.2 del Estatuto de Autonomía, el de prudencia financiera y:

a) Economía social.
b) Transparencia.
c) Austeridad.
d) Responsabilidad solidaria.

56. La Comunidad Autónoma de las Illes Balears tiene la competencia exclusiva sobre la siguiente materia:

a) Contratos y concesiones administrativas en el ámbito sustantivo de competencias de la Comunidad Autónoma.
b) Régimen local.
c) Formación profesional continua.
d) Protección de menores.

57. La Comunidad Autónoma de las Illes Balears tiene la competencia exclusiva sobre la siguiente materia:

a) Pesca marítima en las aguas de las Illes Balears.
b) Régimen jurídico y sistema de responsabilidad de la Administración de la Comunidad Autónoma.
c) Ordenación del sector pesquero.
d) La gestión del dominio público marítimo-terrestre.

58. Corresponde a la Comunidad Autónoma de las Illes Balears, en los términos que se establezcan en las leyes y normas reglamentarias que, en desarrollo de su legislación, dicte el Estado, la función ejecutiva en materia de:

a) Régimen minero y energético.
b) Propiedad industrial.
c) Protección civil. Emergencias.
d) Estatuto de los funcionarios de la Administración de la Comunidad Autónoma y de la administración local.

59. La iniciativa de reforma del Estatuto de Autonomía por parte del Parlamento Balear precisa ser propuesta por al menos:

a) Una quinta parte de los Diputados.
b) Una cuarta parte de los Diputados.
c) Un tercio de los Diputados.
d) Dos tercios de los Diputados.

60. Está facultado para iniciar la reforma del Estatuto de Autonomía de la Comunidad Autónoma de las Illes Balears:

a) El Presidente del Gobierno.
b) Las Cortes Generales.
c) El Senado.
d) El Tribunal Constitucional.

Solución al test n.º 1

1. b) En la indisoluble unidad de la Nación española.

2. c) Tienen el deber de conocer y el derecho de usar el castellano.

3. d) De las nacionalidades y regiones que la integran.

4. d) Las respuestas b) y c) son correctas.

5. a) Aprobada por las Cortes el 31 de octubre de 1978, ratificada por el pueblo en referéndum el 6 de diciembre de 1978 y publicada el 29 de diciembre de 1978.

6. b) En el Preámbulo.

7. a) El Rey.

8. d) Ningún español de origen podrá ser privado de su nacionalidad.

9. d) La dignidad de la persona, los derechos inviolables que le son inherentes, el libre desarrollo de su personalidad, el respeto a la ley y a los derechos de los demás.

10. b) El pluralismo político.

11. c) Monarquía parlamentaria.

12. b) Parte orgánica.

13. c) Reside en el pueblo español.

14. b) En el Título Preliminar.

15. a) Consensuada.

16. d) Todas las respuestas son correctas.

17. b) Los delitos políticos.

18. c) Su funcionamiento y estructura interna.

19. b) De cinco.

20. c) Que está limitado por la función social de la misma.

21. b) Igualdad y progresividad.

22. d) Nada de lo expuesto es cierto.

23. b) Aconfesional.

24. c) 15.

25. a) Ha quedado abolida.

26. a) Detención ilegal.

27. b) No dilatarse.

28. c) Puede efectuarse en todo momento.

29. b) Se necesitará autorización judicial para entrar, si no da su consentimiento para ello.

30. c) Sería inconstitucional.

31. b) Universal.

32. c) Secreto profesional.

33. c) Organizaciones Profesionales y la Administración Civil.

34. c) No declarar sobre hechos presuntamente delictivos.

35. a) Es libre.

36. a) No se admite.

37. b) Progresivo y generalizado.

38. a) Entidades constituidas para fines de interés general.

39. b) Es un deber de los padres.

40. a) Debe evitarse.

41. b) Investigación científica.

42. b) Negociación colectiva.

43. d) Lo están todos ellos.

44. b) Enseñanza.

45. c) Asistencia de Letrado.

46. b) Inviolabilidad del domicilio.

47. a) De los derechos y deberes fundamentales.

48. d) En los artículos 15 a 29.

49. a) Los derechos humanos.

50. b) Autonomía.

51. d) Artículo 22.

52. d) Cancelación.

53. c) Las tres quintas partes de sus miembros.

54. a) El Rey, a propuesta del Consejo General del Poder Judicial.

55. c) Austeridad.

56. d) Protección de menores.

57. a) Pesca marítima en las aguas de las Illes Balears.

58. b) Propiedad industrial.

59. a) Una quinta parte de los Diputados.

60. b) Las Cortes Generales.

El Gobierno de las Illes Balears: composición, funcionamiento y atribuciones. La estructura de la Administración autonómica: las Consejerías, las Direcciones Generales y las Secretarías Generales

1. Según dispone el art. 57 del Estatuto de Autonomía de las Illes Balears, el Gobierno es:

a) El órgano colegiado que ejerce funciones ejecutivas y administrativas y dirige la política general.
b) El órgano que dirige la política interior y exterior, la Administración civil y militar y la defensa del territorio común.
c) El órgano superior colegiado que ostenta la suprema representación de la Comunidad Autónoma y ejerce las funciones ejecutivas y administrativas.
d) El órgano colegiado que, bajo la dirección del Presidente, establece los objetivos políticos generales y dirige la Administración general del Estado en la Comunidad Autónoma.

2. ¿Cómo se denomina la reunión del Gobierno para el ejercicio de sus funciones?

a) Comisión.
b) Junta General.
c) Consejo.
d) Pleno.

3. El Gobierno responde políticamente y de forma solidaria:

a) En ningún caso.
b) Ante el Parlamento.
c) Ante su Presidente pero mancomunadamente.
d) Ante los Tribunales de Justicia en la forma prevista para los diputados y las diputadas del Parlamento.

4. ¿Cuál es el lugar de reunión del Gobierno?

a) Únicamente , la ciudad de Palma.
b) Cualquier territorio de la comunidad autónoma, previa convocatoria al efecto.

c) Aquel en el que se encuentren 2/3 de sus miembros.
d) En donde se halle el Presidente del Gobierno y así lo convoque este.

5. El Gobierno cesa:

a) Tras la celebración de elecciones al Parlamento.
b) Por pérdida de la confianza del Parlamento o por la adopción de una moción de censura.
c) Por dimisión, incapacidad o defunción de su Presidente.
d) En todos los casos anteriores.

6. La elaboración de los presupuestos de la Comunidad Autónoma de las Illes Balears corresponde:

a) Al Parlamento.
b) Al Gobierno.
c) Al Presidente del Gobierno.
d) Al Consejero con competencias en Hacienda.

7. La convocatoria, la constitución, el desarrollo de las sesiones y la adopción de acuerdos del Consejo de Gobierno se podrán realizar:

a) Tanto de forma presencial como a distancia.
b) Únicamente de forma presencial.
c) Solo de forma presencial y en la sede legal del Gobierno.
d) Siempre presencialmente y únicamente en la Ciudad de Palma, sede del Gobierno.

8. ¿Cuántos miembros del Gobierno deben asistir para que se tenga por válida la constitución del Consejo de Gobierno?

a) 2/3 de sus miembros.
b) El Presidente, y al menos, la mitad de los consejeros que se hallen de forma presencial.
c) Su Presidente o quien lo sustituya y la mitad de los consejeros, sea de forma presencial o a distancia.
d) Una mayoría de sus miembros.

9. Los posibles empates en las votaciones para la adopción de acuerdos del Consejo de Gobierno, se dirimen:

a) Con la repetición de la votación.
b) Con el voto de calidad del Presidente.
c) Mediante la devolución de la propuesta.
d) Con la elevación de propuesta a la sede parlamentaria.

10. ¿Cuál de las siguientes atribuciones no corresponde al Gobierno?

a) Ejercer la potestad reglamentaria.
b) Establecer la política general de la comunidad autónoma.

c) Ejercer las facultades de coordinación de los consejos insulares.
d) Aprobar los presupuestos.

11. La Ley 3/2003, de 26 de marzo, de Régimen Jurídico de la Administración de la Comunidad Autónoma de las Illes Balears:

a) Ha sido derogada como consecuencia de la entrada en vigor de la Ley 39/2015.
b) Regula la organización y el funcionamiento de la Administración de la comunidad autónoma de las Illes Balears.
c) Establece el procedimiento administrativo común a todas las Administraciones residentes en la comunidad autónoma de las Illes Balears.
d) Sustituye en el territorio de la comunidad autónoma de las Illes Balears el régimen jurídico que establecía la Ley 30/1992.

12. Los Órganos de la comunidad autónoma de las Illes Balears a los que les corresponde la ejecución y el desarrollo de los planes de actuación son:

a) Los Órganos inferiores.
b) Las Unidades administrativas.
c) Los Órganos superiores.
d) Los Órganos directivos.

13. ¿Cuál de las siguientes unidades administrativas de la comunidad autónoma de las Illes Balears no se estructuran, como regla general, en dos o más unidades de nivel inferior?

a) Negociados.
b) Servicios.
c) Departamentos.
d) Secciones.

14. Las consejerías de la comunidad autónoma de las Illes Balears, para el ejercicio de sus funciones, se estructuran en:

a) Órganos superiores e inferiores.
b) El Presidente y el Gobierno.
c) Órganos superiores y órganos directivos.
d) Secretaría General y Direcciones generales.

15. Es una atribución de las denominadas de dirección, que corresponde a los consejeros de la comunidad autónoma de las Illes Balears:

a) Dirigir los recursos humanos de la consejería, de acuerdo con la legislación específica.
b) Reconocer las obligaciones económicas y proponer su pago.
c) Nombrar o, en su caso, proponer, el representante de la consejería en los órganos colegiados, si no lo prevé la normativa aplicable.
d) Plantear, en su caso, los conflictos de atribuciones contra órganos de otras consejerías.

16. Es una atribución de las denominadas de gestión, que corresponde a los consejeros de la comunidad autónoma de las Illes Balears:

a) Suscribir contratos y convenios de colaboración en nombre de la comunidad autónoma, y con la Administración General del Estado.

b) Desarrollar, mediante orden y coordinadamente con la relación de puestos de trabajo vigente, la estructura orgánica básica que determine las funciones de las unidades administrativas de la consejería.

c) Resolver los recursos y las reclamaciones administrativas de acuerdo con lo previsto en legislación vigente.

d) Fijar los objetivos de la consejería, aprobar sus planes de actuación y asignar los recursos necesarios para su ejecución dentro de los límites de las dotaciones presupuestarias correspondientes.

17. No es función encomendada al Secretario General de la comunidad autónoma de las Illes Balears:

a) Informar, en los términos previstos en la Ley del Gobierno de las Illes Balears, sobre los proyectos de disposiciones generales tramitados por la consejería.

b) Autorizar y disponer los gastos que no sean de la competencia del Consejo de Gobierno.

c) Ejercer, de acuerdo con las directrices fijadas por el consejero, el control de la eficacia y la eficiencia de los órganos y de las unidades administrativas de la consejería.

d) Gestionar el registro general, los medios materiales y los servicios auxiliares, así como otros elementos organizativos.

18. Los directores generales de la Administración de la comunidad autónoma de las Illes Balears serán nombrados y separados:

a) Por Orden del Consejero.

b) Por decreto del Gobierno.

c) Libremente por el Consejo de Gobierno.

d) Por Orden del Secretario General.

19. No se requerirá norma específica para la creación de órganos colegiados de la Administración de la comunidad autónoma de las Illes Balears cuando se le atribuyan funciones de:

a) Seguimiento y control de otros órganos de la Administración.

b) Decisión y propuesta.

c) Deliberación y asesoramiento.

d) Emisión de informes preceptivos.

20. Los órganos directivos encargados de la gestión de los servicios comunes, así como de las funciones de asesoramiento jurídico y de apoyo técnico, se denominan:

a) Secretarias Generales.

b) Consejerías.

c) Direcciones Generales.

d) Unidades administrativas.

Solución al test n.º 2

1. a) El órgano colegiado que ejerce funciones ejecutivas y administrativas y dirige la política general.

2. c) Consejo.

3. b) Ante el Parlamento.

4. b) Cualquier territorio de la comunidad autónoma, previa convocatoria al efecto.

5. d) En todos los casos anteriores.

6. b) Al Gobierno.

7. a) Tanto de forma presencial como a distancia.

8. c) Su Presidente o quien lo sustituya y la mitad de los consejeros, sea de forma presencial o a distancia.

9. b) Con el voto de calidad del Presidente.

10. d) Aprobar los presupuestos.

11. b) Regula la organización y el funcionamiento de la Administración de la comunidad autónoma de las Illes Balears.

12. d) Los Órganos directivos.

13. a) Negociados.

14. d) Secretaría General y Direcciones generales.

15. d) Plantear, en su caso, los conflictos de atribuciones contra órganos de otras consejerías.

16. a) Suscribir contratos y convenios de colaboración en nombre de la comunidad autónoma, y con la Administración General del Estado.

17. b) Autorizar y disponer los gastos que no sean de la competencia del Consejo de Gobierno.

18. b) Por decreto del Gobierno.

19. c) Deliberación y asesoramiento.

20. a) Secretarias Generales.

El V Convenio Colectivo para el personal laboral al servicio de la Administración de la Comunidad Autónoma de las Illes Balears: ámbito funcional, personal y territorial (art. 2); clasificación profesional (art. 15); selección de personal y provisión de puestos de trabajo (art. 21); estructura salarial (art. 77); derechos de representación (art. 94 y 95); régimen disciplinario (del art. 101 al art. 106)

1. El Convenio Colectivo del personal laboral de la Administración de la Comunidad Autónoma de las Illes Balears es aplicable:

a) Al personal no eventual.

b) A todo el personal laboral, sin importar su tipo de contrato, salvo que tengan un régimen estatutario específico.

c) A los empleados públicos.

d) Al personal laboral sometido a un régimen estatutario específico.

2. ¿Cuál es el objeto del Convenio Colectivo del personal laboral de la Comunidad Autónoma de las Illes Balears?

a) Regular la relación entre la Administración y la totalidad del personal que conforma su estructura organizativa.

b) Establecer las normas de contratación que deben regir para el sector privado laboral de la Administración.

c) Regular las relaciones laborales entre la Comunidad Autónoma y el personal laboral de sus departamentos y organismos autónomos.

d) Definir exclusivamente los derechos de los empleados de carácter meramente eventual.

3. El Convenio Colectivo del personal laboral de la Comunidad Autónoma de las Illes Balears es aplicable al personal laboral de:

a) Las entidades públicas empresariales y sociedades mercantiles públicas.

b) Los organismos autónomos.

c) Las fundaciones del sector público y los consorcios.
d) Todos los anteriores.

4. Está excluido de la aplicación del Convenio Colectivo del personal laboral de la Comunidad Autónoma de las Illes Balears:

a) EL profesorado universitario.
b) El profesorado de religión incluido en el Acuerdo entre España y la Santa Sede.
c) El profesorado de Educación Infantil de escuelas públicas no concertadas.
d) Ninguno de los anteriores.

5. Conforme al Convenio del personal laboral, la diplomatura universitaria se comprende en la categoría profesional del grupo:

a) C.
b) A.
c) A y B.
d) B.

6. ¿Para acceder a qué grupo no es necesario estar en posesión de ninguna de las titulaciones previstas en el sistema educativo?

a) D.
b) E.
c) D y E.
d) Ninguno, pues se exige un mínimo.

7. El personal laboral que preste servicios en la Administración autonómica y tenga acreditada una experiencia laboral de más de 3 años en la categoría profesional concreta, se entenderá que tiene formación laboral equivalente a la de los grupos:

a) B y C.
b) C y D.
c) D y E.
d) C, D y E.

8. Los grupos de categoría profesional se dividen, a efectos retributivos y de provisión y promoción profesional, en:

a) Puestos.
b) Unidades.
c) Grados.
d) Niveles.

9. Para los ascensos de categoría profesional, el simple transcurso del tiempo de servicio:

a) Supone un 50% de la calificación.
b) Determina el ascenso.
c) En ningún caso permite que se produzca.
d) Puede suponer el ascenso en los Grupos D y E.

10. La discrepancia entre las funciones ejercidas y la clasificación profesional que se asigne, será resuelta por:

a) la Mesa Negociadora.
b) El órgano interadministrativo.
c) El Consejo Consultivo.
d) La Comisión Paritaria.

11. ¿Cuál de los siguientes procedimientos será el preferente para cubrir los puestos de trabajo vacantes del personal laboral?

a) El reingreso.
b) promoción interna.
c) movilidad entre Administraciones públicas.
d) concurso de traslado.

12. ¿Cuál de los siguientes devengos no se considera una retribución básica del personal laboral?

a) Complemento de antigüedad.
b) Paga extraordinaria.
c) Complemento específico.
d) Salario base.

13. Entre las indemnizaciones por razón del servicio no se encuentra:

a) Horas extraordinarias.
b) Dietas.
c) Gastos de desplazamiento.
d) Todas las anteriores lo son.

14. ¿Cuál de los siguientes no es un órgano de representación laboral de la Comunidad Autónoma de las Illes Balears?

a) El Comité intercentros y los Comités de Empresa.
b) Las secciones sindicales.
c) Los Comités de Seguridad y Salud.
d) La Mesa Negociadora.

15. El abandono del servicio, así como no hacerse cargo voluntariamente de las tareas o funciones que tiene asignadas, constituye una falta:

a) Penal.
b) Grave.
c) Muy grave.
d) Leve.

16. ¿Cuál de las siguientes acciones tiene la consideración de falta grave?

a) La falta de obediencia debida a superiores y autoridades.
b) El incumplimiento de la obligación de atender los servicios esenciales en caso de huelga.
c) La obstaculización al ejercicio de las libertades públicas y derecho sindicales.
d) La negligencia en la custodia de secretos oficiales.

17. La falta de asistencia injustificada de uno a tres días constituye una infracción

a) Muy grave.
b) Leve.
c) Grave.
d) De ningún tipo.

18. Suspensión de empleo y de sueldo de uno a tres meses es una sanción que solo puede imponerse por la comisión de una falta:

a) Grave.
b) Muy grave.
c) Grave o muy grave.
d) Muy grave o dos graves.

19. La comisión de una falta leve puede conllevar la suspensión de empleo y sueldo de hasta:

a) Tres días.
b) Un mes.
c) Dos días.
d) Cinco días.

20. Conllevará la readmisión del personal laboral la declaración de improcedencia del despido acordado como consecuencia de la incoación de un expediente disciplinario por la comisión de una falta muy grave, cuando se trate de un trabajador:

a) Fijo o indefinido no fijo.
b) Únicamente fijo.
c) Sólo eventual.
d) Cualquiera que sea su contrato excepto el eventual.

Solución al test n.º 3

1. b) A todo el personal laboral, sin importar su tipo de contrato, salvo que tengan un régimen estatutario específico.

2. c) Regular las relaciones laborales entre la Comunidad Autónoma y el personal laboral de sus departamentos y organismos autónomos.

3. d) Todos los anteriores.

4. b) El profesorado de religión incluido en el Acuerdo entre España y la Santa Sede.

5. d) B.

6. b) E.

7. b) C y D.

8. d) Niveles.

9. c) En ningún caso permite que se produzca.

10. d) La Comisión Paritaria.

11. a) El reingreso.

12. c) Complemento específico.

13. a) Horas extraordinarias.

14. d) La Mesa Negociadora.

15. c) Muy grave.

16. a) La falta de obediencia debida a superiores y autoridades.

17. b) Leve.

18. b) Muy grave.

19. c) Dos días.

20. a) Fijo o indefinido no fijo.

Normativa estatal y autonómica en materia de igualdad y contra la violencia de género: disposiciones generales, objeto, principios y políticas públicas. La violencia machista: definición, prevención y derecho a la protección efectiva

1. Según su artículo 1, la LO 3/2007 tiene por objeto hacer efectivo el derecho de:

a) Conciliación de la vida laboral y familiar de mujeres y hombres.
b) Igualdad de trato y de oportunidades entre mujeres y hombres.
c) Participación en los asuntos públicos en igualdad de condiciones.
d) No discriminación por razón de sexo.

2. Las obligaciones establecidas en la LO 3/2007 son de aplicación a:

a) A toda persona, física o jurídica, que se encuentre o actúe en territorio español, cualquiera que fuese su nacionalidad, domicilio o residencia.
b) A todos los ciudadanos españoles, ya sea en territorio español o territorio de cualquier país extranjero.
c) A toda persona, física o jurídica, que se encuentre o actúe en territorio español, con nacionalidad española.
d) A toda persona, física o jurídica, que resida en territorio español, cualquiera que fuese su nacionalidad.

3. Según el artículo 4 de la LO 3/2007, la igualdad de trato y de oportunidades entre mujeres y hombres:

a) Es un deber de las Administraciones Públicas.
b) Es una fuente formal del Derecho.
c) Es un principio informador del ordenamiento jurídico.
d) Es un objetivo fundamental del procedimiento administrativo.

4. La situación en que se encuentra una persona que sea, haya sido o pudiera ser tratada, en atención a su sexo, de manera menos favorable que otra en situación comparable, se considera:

a) Discriminación directa.
b) Acoso sexual.
c) Discriminación indirecta.
d) Violencia de género.

5. A los efectos de la LO 3/2007, definimos como acoso sexual:

a) Cualquier comportamiento realizado en función del sexo de una persona, con el propósito o el efecto de atentar contra su dignidad y de crear un entorno intimidatorio, degradante u ofensivo.
b) La situación en que una disposición, criterio o práctica aparentemente neutros pone a personas de un sexo en desventaja particular con respecto a personas del otro, salvo que dicha disposición, criterio o práctica puedan justificarse objetivamente en atención a una finalidad legítima y que los medios para alcanzar dicha finalidad sean necesarios y adecuados.
c) Todo trato desfavorable a las mujeres relacionado con el embarazo o la maternidad.
d) Cualquier comportamiento, verbal o físico, de naturaleza sexual que tenga el propósito o produzca el efecto de atentar contra la dignidad de una persona, en particular cuando se crea un entorno intimidatorio, degradante u ofensivo.

6. Cualquier comportamiento realizado en función del sexo de una persona, con el propósito o el efecto de atentar contra su dignidad y de crear un entorno intimidatorio, degradante u ofensivo, constituye:

a) Discriminación directa.
b) Acoso sexual.
c) Acoso por razón de sexo.
d) Discriminación indirecta.

7. Para prevenir la realización de conductas discriminatorias en los actos y las cláusulas de los negocios jurídicos, el artículo 10 de la LO 3/2017 prevé la existencia de un sistema de sanciones eficaz y:

a) Proporcionado.
b) Comprensible.
c) Cuantificable.
d) Disuasorio.

8. Según el artículo 10 de la LO 3/2007, los actos y las cláusulas de los negocios jurídicos que constituyan o causen discriminación por razón de sexo se considerarán:

a) Válidos, pero anulables.
b) Nulos y sin efecto.

c) Ilegales.
d) Nulos, pero con efectos.

9. Con el fin de hacer efectivo el derecho constitucional de la igualdad, los Poderes Públicos adoptarán medidas específicas en favor de las mujeres para corregir situaciones patentes de desigualdad de hecho respecto de los hombres. Tales medidas, que serán aplicables en tanto subsistan dichas situaciones, habrán de ser en relación con el objetivo perseguido en cada caso razonables y:

a) Justificadas.
b) Autorizadas judicialmente.
c) Transparentes.
d) Proporcionadas.

10. La capacidad y la legitimación para intervenir en los procesos civiles, sociales y contencioso-administrativos que versen sobre la defensa del derecho de igualdad entre mujeres y hombres, corresponden a:

a) La persona acosada, únicamente.
b) Cualquier ciudadano.
c) Las personas físicas y jurídicas con interés legítimo.
d) Cualquier persona jurídica.

11. Según el artículo 15 de a LO 3/2007, el principio de igualdad de trato y oportunidades entre mujeres y hombres informará la actuación de todos los Poderes Públicos, con carácter:

a) General.
b) Transversal.
c) Integral.
d) Global.

12. Según el artículo 17 de la LO 3/2007, el Gobierno, en las materias que sean de la competencia del Estado, aprobará un Plan Estratégico de Igualdad de Oportunidades:

a) Anualmente.
b) Bianualmente.
c) Cada cuatro años.
d) Periódicamente.

13. El artículo 18 de la LO 3/2007, exige al Gobierno la elaboración de un informe periódico sobre el conjunto de sus actuaciones en relación con la efectividad del principio de igualdad entre mujeres y hombres. Los términos en que se elaborarán estos informes se determinarán:

a) Por ley orgánica.
b) Por ley.

c) Reglamentariamente.
d) En una ley de bases.

14. El Gobierno dará cuenta del informe sobre el conjunto de sus actuaciones en relación con la efectividad del principio de igualdad entre mujeres y hombres:

a) Al Congreso de los Diputados.
b) A las Cortes Generales.
c) A las asociaciones y organizaciones de mujeres.
d) Al Defensor del Pueblo.

15. Los proyectos de disposiciones de carácter general y los planes de especial relevancia económica, social, cultural y artística que se sometan a la aprobación del Consejo de Ministros deberán incorporar:

a) Un Plan Estratégico de Igualdad de Oportunidades.
b) Una estadística o encuesta que posibilite el conocimiento de las diferencias en los valores, roles, situaciones y condiciones, de mujeres y hombres en el ámbito de acción del proyecto o plan.
c) Un informe periódico sobre el conjunto de sus actuaciones en relación con la efectividad del principio de igualdad entre mujeres y hombres.
d) Un informe sobre su impacto por razón de género.

16. El artículo 20 de la LO 3/2007, establece una serie de medidas obligatorias a las que se someterán los estudios y estadísticas que elaboren los poderes públicos. Cuál de las siguientes es una de dichas medidas:

a) Excluir sistemáticamente la variable de sexo en las estadísticas, encuestas y recogida de datos que lleven a cabo.
b) Realizar muestras lo suficientemente amplias para evitar que las diversas variables incluidas puedan ser explotadas y analizadas en función de la variable de sexo.
c) Explotar los datos de que disponen de modo que se puedan conocer las diferentes situaciones, condiciones, aspiraciones y necesidades de mujeres y hombres en los diferentes ámbitos de intervención.
d) Establecer e incluir en las operaciones estadísticas nuevos indicadores que posibiliten un mejor conocimiento de las similitudes en los valores, roles, situaciones, condiciones, aspiraciones y necesidades de mujeres y hombres.

17. Conforme al artículo 21 de la LO 3/2007, la Administración General del Estado y las Administraciones de las Comunidades Autónomas cooperarán para integrar el derecho de igualdad entre mujeres y hombres en el ejercicio de sus respectivas competencias y, en especial, en sus actuaciones de:

a) Supervisión.
b) Planificación.
c) Regulación.
d) Dirección.

18. Conforme al artículo 22 de la LO 3/2007, las corporaciones locales, con el fin de avanzar hacia un reparto equitativo de los tiempos entre mujeres y hombres, podrán establecer:

a) Planes Municipales de Empleo con perspectiva de género.
b) Ordenanzas de regulación del tiempo.
c) Ordenanzas o Edictos de representación equilibrada en los tiempos de la ciudad.
d) Planes Municipales de organización del tiempo de la ciudad.

19. Según el artículo 2 de la LO 1/2004, uno de los fines a alcanzar a través del conjunto integral de medidas articulado en esta ley es, garantizar derechos económicos para las mujeres víctimas de violencia de género:

a) Así como establecer un sistema para la más eficaz coordinación de los servicios ya existentes a nivel municipal y autonómico.
b) Para asegurar la prevención de los hechos de violencia de género.
c) Con el fin de facilitar su integración social.
d) Promoviendo la colaboración y participación de las entidades, asociaciones y organizaciones que desde la sociedad civil actúan contra la violencia de género.

20. Conforme al artículo 3 de la LO 1/2004, con el fin de prevenir la violencia de género, en el marco de sus competencias, los poderes públicos deben impulsar:

a) Cursos de información y sensibilización.
b) Campañas de información y sensibilización.
c) Programas de información y sensibilización.
d) Jornadas de información y sensibilización.

21. La Ley Orgánica de Medidas de Protección integral contra la Violencia de Género, determina que desarrollar actividades en la resolución pacífica de conflictos y fomentar el respeto a la dignidad de las personas y a la igualdad entre hombres y mujeres, estará incluido entre los objetivos de:

a) La Educación Secundaria Obligatoria.
b) El Bachillerato y la Formación Profesional.
c) Las Universidades.
d) La enseñanza para las personas adultas.

22. A las trabajadoras por cuenta propia víctimas de violencia de género que cesen en su actividad para hacer efectiva su protección o su derecho a la asistencia social integral, se les suspenderá la obligación de cotización durante un período que les será considerado como de cotización efectiva a efectos de las prestaciones de Seguridad Social, de:

a) 6 meses.
b) 9 meses.
c) 1 año.
d) 18 meses.

23. Según la Ley 11/2016, de 28 de julio, de igualdad de mujeres y hombres de las Illes Balears, deben crearse unidades para la igualdad en todas las consejerías y en los consejos insulares, así como en los municipios de más de:

a) 5.000 habitantes.
b) 10.000 habitantes.
c) 20.000 habitantes.
d) 2.000 habitantes.

24. Todos los tribunales y órganos de selección del personal de la Administración de la Comunidad Autónoma de las Illes Balears y de los entes que integran su sector público instrumental, así como las comisiones de valoración de méritos para la provisión de puestos de trabajo, respetarán el principio de representación equilibrada de mujeres y hombres:

a) En todo caso.
b) Excepto por razones fundamentadas y objetivas debidamente motivadas.
c) Siempre que las bases de la convocatoria así lo manifiesten expresamente.
d) Excepto que las bases de la convocatoria expresamente dispongan otra cosa.

25. Se entiende por representación equilibrada la presencia de mujeres y hombres:

a) En porcentajes del 50 % para cada sexo.
b) De modo que ningún sexo supere el 55 % del conjunto de personas a las que se refiere ni sea inferior al 45 %.
c) De modo que ningún sexo supere el 65 % del conjunto de personas a las que se refiere ni sea inferior al 35 %.
d) De modo que ningún sexo supere el 60 % del conjunto de personas a las que se refiere ni sea inferior al 40 %.

26. A los efectos de la Ley 11/2016, ¿qué concepto se entiende como la toma en consideración de las diferencias entre mujeres y hombres en un ámbito o una actividad para el análisis, la planificación, el diseño y la ejecución de políticas, teniendo en cuenta la manera en que las diversas actuaciones, situaciones y necesidades afectan a las mujeres?

a) La corresponsabilidad.
b) La conciliación de la vida laboral y la vida personal.
c) La perspectiva de género.
d) El impacto de género.

27. El Gobierno de las Illes Balears deberá aprobar el Plan Estratégico de Igualdad de Mujeres y Hombres:

a) Para cada curso legislativo.
b) En los primeros 20 días de enero de cada año.

c) En el primer año de cada legislatura.
d) Cada 3 años.

28. A efectos de la Ley 11/2016, cómo se denomina al asesinato de mujeres por el hecho de ser mujeres, al margen de que exista o haya existido relación de pareja:

a) Violencia física.
b) Violencia sexual.
c) Violencia simbólica.
d) Feminicidio.

29. Según el artículo 3 de la Ley 11/2016, un principio general por el que se han de regir las actuaciones de los poderes públicos de las Illes Balears es el reconocimiento de la maternidad libre y decidida y de los derechos sexuales reproductivos, a fin de:

a) Garantizar el derecho a vivir sin violencia.
b) Evitar efectos negativos y obstáculos en el desarrollo de las libertades de las mujeres.
c) Eliminar las desigualdades de hecho por razón de sexo que puedan existir en los diferentes ámbitos.
d) Garantizar la igualdad entre mujeres y hombres.

30. El Gobierno de las Illes Balears deberá elaborar, en los términos que se establezcan reglamentariamente, un informe sobre el conjunto de sus actuaciones en relación con la efectividad del principio de igualdad entre mujeres y hombres, que se presentará al Parlamento de las Illes Balears:

a) Al final de cada legislatura.
b) Cada año.
c) Cada dos años.
d) Cada tres años.

Solución al test n.º 4

1. b) Igualdad de trato y de oportunidades entre mujeres y hombres.

2. a) A toda persona, física o jurídica, que se encuentre o actúe en territorio español, cualquiera que fuese su nacionalidad, domicilio o residencia.

3. c) Es un principio informador del ordenamiento jurídico.

4. a) Discriminación directa.

5. d) Cualquier comportamiento, verbal o físico, de naturaleza sexual que tenga el propósito o produzca el efecto de atentar contra la dignidad de una persona, en particular cuando se crea un entorno intimidatorio, degradante u ofensivo.

6. c) Acoso por razón de sexo.

7. d) Disuasorio.

8. b) Nulos y sin efecto.

9. d) Proporcionadas.

10. c) Las personas físicas y jurídicas con interés legítimo.

11. b) Transversal.

12. d) Periódicamente.

13. c) Reglamentariamente.

14. b) A las Cortes Generales.

15. d) Un informe sobre su impacto por razón de género.

16. c) Explotar los datos de que disponen de modo que se puedan conocer las diferentes situaciones, condiciones, aspiraciones y necesidades de mujeres y hombres en los diferentes ámbitos de intervención.

17. b) Planificación.

18. d) Planes Municipales de organización del tiempo de la ciudad.

19. c) Con el fin de facilitar su integración social.

20. b) Campañas de información y sensibilización.

21. d) La enseñanza para las personas adultas.

22. a) 6 meses.

23. c) 20.000 habitantes.

24. b) Excepto por razones fundamentadas y objetivas debidamente motivadas.

25. d) De modo que ningún sexo supere el 60 % del conjunto de personas a las que se refiere ni sea inferior al 40 %.

26. c) La perspectiva de género.

27. c) En el primer año de cada legislatura.

28. d) Feminicidio.

29. b) Evitar efectos negativos y obstáculos en el desarrollo de las libertades de las mujeres.

30. c) Cada dos años.

Conceptos básicos sobre seguridad y salud en el trabajo. La Ley de Prevención de Riesgos Laborales: derechos y deberes del trabajador y obligaciones de los empresarios. Riesgos ergonómicos específicos: prevención de trastornos músculo-esqueléticos

1. La Ley de Prevención de Riesgos Laborales, tiene por objeto:

a) Prevenir los accidentes en general.
b) Evitar riesgos en el recorrido al puesto de trabajo.
c) Promover la seguridad y la salud de los trabajadores.
d) Que cada vez haya menos accidentes de tráfico.

2. Qué se entiende por "riesgo laboral":

a) La posibilidad de que un trabajador sufra un determinado daño derivado del trabajo.
b) La posibilidad de que un trabajador sufra una enfermedad en el trabajo.
c) La posibilidad de que un trabajador sufra acoso.
d) El riesgo que supone el ir a trabajar.

3. Indica cuál es la definición de prevención:

a) La probabilidad racional de que un riesgo se materialice de forma inminente.
b) El estudio de los procesos potencialmente peligrosos para el trabajo.
c) Conjunto de actividades o medidas adoptadas o previstas en todas las fases de actividad de la empresa con el fin de evitar o disminuir los riesgos derivados del trabajo.
d) Posibilidad de que un trabajador sufra un determinado daño derivado del trabajo.

4. Según establece el art. 4 de la Ley 31/1995, de 8 de noviembre, de Prevención de Riesgos Laborales, se define como daños derivados del trabajo:

a) La posibilidad de que un trabajador sufra un determinado daño derivado del trabajo.
b) El que resulte probable racionalmente que se materialice en un futuro inmediato y pueda suponer y pueda suponer un daño grave para la salud de los trabajadores.

c) Las enfermedades, patologías o lesiones sufridas con motivo u ocasión del trabajo.
d) Cualquier máquina, aparato, instrumento o instalación utilizada en el trabajo.

5. Cualquier característica del trabajo que pueda tener una influencia significativa en la generación de riesgos para la seguridad y la salud del trabajador, es:

a) Una condición de trabajo.
b) Un factor de riesgo.
c) Un proceso potencialmente peligroso.
d) Una zona peligrosa.

6. Toda lesión corporal que el trabajador sufra con ocasión del trabajo que ejerza por cuenta ajena:

a) Es un riesgo laboral.
b) Es un accidente.
c) Es una enfermedad profesional.
d) Es una simple circunstancia.

7. Señale la respuesta incorrecta:

a) La Ley de Prevención de Riesgos Laborales se aplica a los operativos de Seguridad civil en casos de catástrofe.
b) La Ley de Prevención de Riesgos Laborales se aplica a las sociedades cooperativas.
c) En el ámbito de la relación laboral de carácter especial del servicio del hogar familiar, las personas trabajadoras tienen derecho a una protección eficaz en materia de seguridad y salud en el trabajo.
d) En los establecimientos penitenciarios, se adaptarán a la Ley de Prevención de Riesgos Laborales aquellas actividades cuyas características justifiquen una regulación especial.

8. Qué artículo de la Constitución Española indica que los poderes públicos deben velar por la seguridad e higiene en el trabajo:

a) Artículo 28.
b) Artículo 35.
c) Artículo 40.
d) Artículo 43.

9. Para calificar un riesgo desde el punto de vista de su gravedad, se valorarán conjuntamente la severidad del daño y:

a) La probabilidad de que se produzca.
b) La cantidad de trabajadores de la empresa.
c) La existencia o no de equipos individuales de protección.
d) Las condiciones de trabajo.

10. El derecho básico reconocido a los trabajadores por la Ley 31/1995, de 8 de noviembre, es:

a) La vigilancia de su estado de salud.
b) Una protección eficaz en materia de seguridad y salud en el trabajo.
c) La formación en materia preventiva.
d) La información, consulta y participación.

11. Entre los principios de la acción preventiva recogidos por el artículo 15 de la Ley de Prevención de Riesgos Laborales, no figura:

a) Evitar los riesgos.
b) Evaluar los riesgos que se puedan evitar.
c) Tener en cuenta la evolución de la técnica.
d) Dar las debidas instrucciones a los trabajadores.

12. ¿Cuál de los siguientes principios generales de la acción preventiva a aplicar en el trabajo, contenidos en la Ley de Prevención de Riesgos Laborales, es incorrecto?

a) Evaluar los riesgos que no se pueden evitar.
b) Priorizar medidas individuales a las colectivas.
c) Combatir los riesgos en su origen.
d) Tener en cuenta la evolución de la técnica.

13. En el marco de sus responsabilidades, el empresario realizará la prevención de los riesgos laborales mediante la integración en la empresa de:

a) Los equipos de protección individual.
b) Los Servicios de Prevención propios.
c) La actividad preventiva.
d) La normativa comunitaria.

14. La prevención de riesgos laborales deberá integrarse en el sistema general de gestión de la empresa a través de:

a) La política preventiva.
b) El plan de prevención.
c) El consenso de las partes.
d) El poder de decisión del empresario.

15. El proceso dirigido a estimar la magnitud de aquellos riesgos que no hayan podido evitarse, obteniendo la información necesaria para que el empresario esté en condiciones de tomar una decisión apropiada sobre la necesidad de adoptar medidas preventivas y, en tal caso, sobre el tipo de medidas que deben adoptarse, se llama:

a) Adaptación del puesto de trabajo.
b) Evaluación de los riesgos laborales.
c) Plan de prevención de riesgos laborales.
d) Señalización de seguridad y salud en el trabajo.

16. En relación a la vigilancia de la salud que ha de garantizar el empresario, el acceso a la información médica de carácter personal:

a) Se limitará al empresario y a los Servicios de Prevención propios.
b) Se limitará al Jefe inmediato del trabajador.
c) Sólo será accesible al propio trabajador.
d) Se limitará al personal médico y a las autoridades sanitarias que lleven a cabo la vigilancia.

17. En relación a la vigilancia de la salud, no es cierto que:

a) El derecho a la vigilancia periódica del estado de salud puede prolongarse más allá de la finalización de la relación laboral.
b) Las medidas de vigilancia y control se llevarán a cabo por personal sanitario.
c) Los resultados de la vigilancia de la salud serán comunicados a los representantes de los trabajadores.
d) Se deberá optar por la realización de aquellos reconocimientos o pruebas que causen las menores molestias al trabajador.

18. Según la Ley de Prevención de Riesgos Laborales, es obligación de los trabajadores en materia de prevención de riesgos:

a) La protección eficaz en materia de seguridad y salud en el trabajo.
b) Utilizar correctamente los medios y equipos de protección facilitados por el empresario, de acuerdo con las instrucciones recibidas de éste.
c) Soportar el coste de las medidas relativas a la seguridad y la salud en el trabajo.
d) Desarrollar una acción permanente de seguimiento de la actividad preventiva.

19. En los casos de concurrencia de trabajadores de varias empresas en un centro de trabajo cuando existe un empresario principal, uno de los deberes de vigilancia por parte de éste, consistirá en:

a) Impulsar la regulación de esquemas organizativos, que eviten los accidentes de trabajo.
b) Comprobar que las empresas contratistas y subcontratistas concurrentes en su centro de trabajo han establecido los necesarios medios de coordinación entre ellas.
c) Asegurar la correcta utilización por parte de los trabajadores de las empresas concurrentes de los correspondientes dispositivos de seguridad disponibles.
d) Asegurarse de que los trabajadores concurrentes disponen de la formación preventiva correspondiente.

20. Cuando los trabajadores estén expuestos a un riesgo grave e inminente con ocasión de su trabajo, y el empresario no adopte o no permita la adopción de las medidas necesarias para garantizar la seguridad y la salud de los trabajadores, la Ley 31/1995, de 8 de noviembre, de Prevención de Riesgos Laborales prevé que:

a) Los trabajadores afectados podrán paralizar la actividad.
b) El órgano de representación del personal instará formalmente al empresario a la adopción de las medidas necesarias.

c) Los Delegados de Prevención lo comunicarán a la autoridad laboral, que adoptará las medidas necesarias.

d) El órgano de representación de personal podrá acordar la paralización de la actividad.

21. El art. 21 de la LPRL establece los requisitos y el procedimiento para que los representantes legales de los trabajadores acuerden la paralización de la actividad de los trabajadores que están o puedan estar expuestos a un riesgo grave e inminente si el empresario no adopta las medidas necesarias para garantizar la seguridad y salud de los trabajadores. La medida será adoptada por:

a) Acuerdo por mayoría absoluta de sus miembros. Tal acuerdo será comunicado de inmediato a la empresa y a la autoridad laboral, la cual, en el plazo de 48 horas, anulará o ratificará la paralización acordada.

b) Acuerdo por mayoría de 2/3 de sus miembros. Tal acuerdo será comunicado de inmediato a la empresa y a la autoridad laboral, la cual, en el plazo de 24 horas, anulará o ratificará la paralización acordada.

c) Acuerdo por mayoría de sus miembros. Tal acuerdo será comunicado de inmediato a la empresa y a la autoridad laboral, la cual, en el plazo de 48 horas, anulará o ratificará la paralización acordada.

d) Acuerdo por mayoría de sus miembros. Tal acuerdo será comunicado de inmediato a la empresa y a la autoridad laboral, la cual, en el plazo de 24 horas, anulará o ratificará la paralización acordada.

22. El posible cambio de puesto de trabajo con riesgo para una trabajadora embarazada:

a) Deberá realizarse en caso de imposibilidad de adaptación del propio puesto.

b) Se hará previo informe en tal sentido del Servicio de Prevención.

c) Se determinará por el empresario, y dará información a los representantes de los trabajadores.

d) Se extenderá al período de lactancia.

23. ¿Cuándo se deben utilizar los equipos de protección individual?

a) Siempre.

b) Cuando los riesgos no hayan sido evaluados.

c) Cuando los riesgos no se puedan evitar o no puedan limitarse.

d) Cuando el trabajador lo estime oportuno.

24. Según el artículo 19 de la Ley de Prevención de Riesgos Laborales, la formación teórica y práctica en materia preventiva deberá:

a) Impartirse en horario dentro de la jornada de trabajo.

b) Impartirse por igual en jornada de trabajo y fuera del horario de trabajo.

c) Impartirse, siempre que sea posible, dentro de la jornada de trabajo o, en su defecto, en otras horas, pero con el descuento en aquella del tiempo invertido en la misma.

d) La formación teórica siempre debe ser en horario dentro de la jornada de trabajo y la formación práctica puede impartirse tanto dentro como fuera de la jornada de trabajo.

25. Las trabajadoras embarazadas ¿tienen derecho a ausentarse del trabajo para la realización de exámenes prenatales y técnicas de preparación al parto?

a) Sí, con derecho a remuneración, previo aviso al empresario y justificación de la necesidad de su realización dentro de la jornada de trabajo.

b) Sí, con derecho a remuneración, sin necesidad de avisar al empresario ni justificar la necesidad de su realización dentro de la jornada de trabajo.

c) Sí, sin derecho a remuneración, previo aviso al empresario y justificación de la necesidad de su realización dentro de la jornada de trabajo.

d) No, en ningún caso.

26. En las empresas de hasta 30 trabajadores el Delegado de Prevención será:

a) El propio empresario.
b) El trabajador más antiguo.
c) El trabajador de mayor cualificación.
d) El delegado de personal.

27. Según la Ley de Prevención de Riesgos Laborales, se constituirá un Comité de Seguridad y Salud en todas las empresas o centros de trabajo que cuenten con:

a) 30 o más trabajadores.
b) 50 o más trabajadores.
c) 75 o más trabajadores.
d) 100 o más trabajadores.

28. El órgano paritario y colegiado de participación destinado a la consulta regular y periódica de las actuaciones de la empresa en materia de prevención de riesgos, es:

a) El Comité de Empresa.
b) El Consejo de Vigilancia de la Prevención.
c) La Comisión de Evaluación de Riesgos Laborales.
d) El Comité de Seguridad y Salud.

29. Conforme al artículo 38 de la Ley 31/1995, el Comité de Seguridad y Salud se reunirá al menos:

a) Quincenalmente.
b) Mensualmente.

c) Trimestralmente.
d) Semestralmente.

30. A efectos de determinar el número de Delegados de Prevención se tendrá en cuenta que, se computarán como trabajadores fijos de plantilla los trabajadores vinculados por contratos de duración determinada superior a:

a) 6 meses.
b) Un año.
c) Dos años.
d) Cuatro años.

31. Músculos que se extienden por toda la parte posterior del tronco, desde la nuca hasta la pelvis y se coordinan con los abdominales y el músculo psoas para dar estabilidad a la columna vertebral:

a) Abdominales.
b) Isquiotibiales.
c) Paravertebrales.
d) Ilíacos.

32. Existen tres grupos de riesgos procedentes de la sobrecarga física:

a) Manipulación de cargas, posturas forzadas y movimientos repetitivos.
b) Inflamación de los tendones, reuma y artrosis.
c) Comprensión de nervios, túnel carpiano y desgaste muscular.
d) Mialgias, fiebre y convulsiones.

33. ¿Cuál de los siguientes es un ejemplo de trastorno musculoesquelético común en el ámbito laboral?

a) Insomnio.
b) Mialgias.
c) Dermatitis.
d) Hipertensión.

Solución al test n.º 5

1. c) Promover la seguridad y la salud de los trabajadores.

2. a) La posibilidad de que un trabajador sufra un determinado daño derivado del trabajo.

3. c) Conjunto de actividades o medidas adoptadas o previstas en todas las fases de actividad de la empresa con el fin de evitar o disminuir los riesgos derivados del trabajo.

4. c) Las enfermedades, patologías o lesiones sufridas con motivo u ocasión del trabajo.

5. a) Una condición de trabajo.

6. b) Es un accidente.

7. a) La Ley de Prevención de Riesgos Laborales se aplica a los operativos de Seguridad civil en casos de catástrofe.

8. c) Artículo 40.

9. a) La probabilidad de que se produzca.

10. b) Una protección eficaz en materia de seguridad y salud en el trabajo.

11. b) Evaluar los riesgos que se puedan evitar.

12. b) Priorizar medidas individuales a las colectivas.

13. c) La actividad preventiva.

14. b) El plan de prevención.

15. b) Evaluación de los riesgos laborales.

16. d) Se limitará al personal médico y a las autoridades sanitarias que lleven a cabo la vigilancia.

17. c) Los resultados de la vigilancia de la salud serán comunicados a los representantes de los trabajadores.

18. b) Utilizar correctamente los medios y equipos de protección facilitados por el empresario, de acuerdo con las instrucciones recibidas de éste.

19. b) Comprobar que las empresas contratistas y subcontratistas concurrentes en su centro de trabajo han establecido los necesarios medios de coordinación entre ellas.

20. d) El órgano de representación de personal podrá acordar la paralización de la actividad.

21. d) Acuerdo por mayoría de sus miembros. Tal acuerdo será comunicado de inmediato a la empresa y a la autoridad laboral, la cual, en el plazo de 24 horas, anulará o ratificará la paralización acordada.

22. a) Deberá realizarse en caso de imposibilidad de adaptación del propio puesto.

23. c) Cuando los riesgos no se puedan evitar o no puedan limitarse.

24. c) Impartirse, siempre que sea posible, dentro de la jornada de trabajo o, en su defecto, en otras horas, pero con el descuento en aquella del tiempo invertido en la misma.

25. a) Sí, con derecho a remuneración, previo aviso al empresario y justificación de la necesidad de su realización dentro de la jornada de trabajo.

26. d) El delegado de personal.

27. b) 50 o más trabajadores.

28. d) El Comité de Seguridad y Salud.

29. c) Trimestralmente.

30. b) Un año.

31. c) Paravertebrales.

32. a) Manipulación de cargas, posturas forzadas y movimientos repetitivos.

33. b) Mialgias.

TEST N.º 6

El alumnado con necesidad específica de soporte educativo. Los principios de normalización, integración e inclusión escolar. El alumnado con necesidades educativas especiales comprensión y discriminación positiva, habilitación e interculturalidad. asociadas a discapacidad motórica. Necesidades educativas especiales del alumnado con discapacidad motora. Papel del ATE con este alumnado dentro y fuera del aula. Papel del ATE como elemento favorecedor de la inclusión y la comunicación. Modalidades de escolarización

1. Se considera a un alumno con necesidades educativas especiales cuando:

a) Presenta un desajuste curricular significativo.
b) Está en situación desfavorecida de tipo socioeconómico.
c) Presenta discapacidad física, psíquica o sensorial.
d) Afronta barreras que limitan su acceso, presencia, participación o aprendizaje, derivadas de discapacidad o de trastornos graves de conducta, de la comunicación y del lenguaje, por un periodo de su escolarización o a lo largo de toda ella, y que requiere determinados apoyos y atenciones educativas específicas para la consecución de los objetivos de aprendizaje adecuados a su desarrollo.

2. El concepto de alumno con necesidad específica de apoyo educativo se introduce en:

a) LOCE.
b) LOGSE.
c) LODE.
d) LOE.

3. El principio de normalización en educación hace referencia a:

a) La necesidad de ofrecer servicios y recursos didácticos específicos.
b) La necesidad de no ofrecer servicios y recursos didácticos específicos.

c) La necesidad de no ofrecer servicios y recursos didácticos específicos, salvo excepciones, en el caso de que los alumnos no puedan beneficiarse de los ordinarios.

d) Que el alumno no utiliza material específico.

4. El concepto de "Necesidad específica de apoyo educativo":

a) Solamente se refiere a personas que presenten dificultades y limitaciones en el ámbito educativo.

b) Engloba al alumnado que requiere una atención educativa diferente a la ordinaria, por presentar necesidades educativas especiales, por retraso madurativo, por trastornos del desarrollo del lenguaje y la comunicación, por trastornos de atención o de aprendizaje, por desconocimiento grave de la lengua de aprendizaje, por encontrarse en situación de vulnerabilidad socioeducativa, por sus altas capacidades intelectuales, por haberse incorporado tarde al sistema educativo o por condiciones personales o de historia escolar, por sus altas capacidades intelectuales, por haberse incorporado tarde al sistema educativo, o por condiciones personales o de historia escolar.

c) Se relaciona unívocamente a un determinado grupo de alumnos (con dificultades físicas).

d) Todas las respuestas anteriores son incorrectas.

5. Se considera que un alumno tiene necesidad específica de apoyo educativo si:

a) Tiene dificultades de aprendizaje leves.

b) Requiere, de manera temporal o permanente, una respuesta específica y diferenciada para alcanzar los objetivos establecidos con carácter general.

c) Requiere de adaptaciones de acceso y curriculares significativas en más de cuatro áreas.

d) Todas las anteriores.

6. La atención a las necesidades educativas de los alumnos:

a) Se extiende a lo largo de toda la educación.

b) Es una medida privativa de la educación infantil.

c) Es una medida privativa de la educación primaria.

b) Es una medida privativa de la educación infantil y primaria.

7. Según la legislación educativa, ¿qué grupo de alumnos no presenta necesidades específicas de apoyo educativo?

a) Alumnado que presenta necesidades educativas especiales.

b) Alumnado con altas capacidades intelectuales.

c) Alumnos con integración tardía en el sistema educativo español.

d) Alumnos con enfermedades crónicas.

8. El principio de normalización comenzó aplicándose exclusivamente en el campo de:

a) La discapacidad intelectual.

b) La discapacidad visual.

c) La discapacidad auditiva.
d) La discapacidad motora.

9. El principio de normalización pone el énfasis en:

a) El individuo.
b) La sociedad.
c) La discapacidad.
d) El entorno educativo.

10. El principio de normalización fue aportado por:

a) Dunn.
b) Birch.
c) Hank Mikkelsen.
d) Hergarty.

11. El principio de integración se plantea por primera vez en el ámbito escolar, concretamente en:

a) La LOE.
b) La LOGSE.
c) El informe Warnock.
d) El informe Brundtland.

12. Según Hergarty, ¿cuántos niveles diferentes de oferta educativa para alumnos con Necesidades Educativas Especiales se pueden establecer?

a) 5.
b) 6.
c) 7.
d) 8.

13. Entre los factores que favorecen el proceso de integración e inclusión escolar podemos nombrar:

a) Derribo de barreras arquitectónicas y psicológicas.
b) Flexibilidad de los principios de intervención educativa, de los programas educativos y de los sistemas de evaluación del proceso de enseñanza.
c) Formación y perfeccionamiento de profesorado.
d) Todas son correctas.

14. En 1994, tras la Conferencia Mundial sobre Necesidades Educativas Especiales celebrada por la UNESCO en Salamanca, empezó a utilizarse un concepto que ha tenido mucha influencia en la respuesta educativa a los niños con discapacidad, nos referimos a:

a) Normalización.
b) Integración.

c) Inclusión.
d) No discriminación.

15. La educación inclusiva se caracteriza por:

a) Incluye en el aula a estudiantes con las mismas capacidades.
b) No exige a los estudiantes que se adapten, sino que es flexible y se transforma para responder a las necesidades de los alumnos.
c) No es un sistema dinámico, sino estático.
d) Todas son correctas.

16. Señala la afirmación correcta sobre la educación inclusiva:

a) La colaboración y el trabajo en equipo, planteados desde un proyecto, son fases primordiales dentro de todo este proceso.
b) Es preferible evitar la participación de los padres en el proceso educativo de los niños.
c) La educación inclusiva ha de darse únicamente en el aula.
d) Todas son correctas.

17. El modelo educativo para dar respuesta a las minorías y al fenómeno de la inmigración en la escuela en el que las acciones educativas se dirigen a todo el alumnado con lo que se pretende favorecer el descubrimiento mutuo, la adquisición de competencias interculturales y el mantenimiento de la lengua y cultura, tanto del grupo mayoritario como de las minorías, se conoce como:

a) Modelo asimilador.
b) Modelo compensatorio.
c) Modelo multicultural.
d) Modelo intercultural.

18. El Auxiliar Técnico Educativo ha de establecer una serie de pautas para favorecer la comunicación entre los alumnos. Entre ellas podemos citar:

a) Habrá de colaborar con el resto de profesionales, especialmente con el Profesor-Tutor, en aquellas tareas que le sean encomendadas.
b) Evitará cualquier tipo de barrera que impida al niño con dificultades el logro de objetivos planteados.
c) Mantendrá un diálogo con las familias del alumnado con nee para tratar de unificar criterios a la hora de conseguir ciertas habilidades y destrezas.
d) Todas son correctas.

19. El objetivo básico del desarrollo individualizado del alumno con discapacidad es:

a) Conseguir la integración social.
b) Su incorporación al mercado de trabajo.

c) Evitar discriminaciones.
d) Conseguir la autonomía personal.

20. En la integración social del alumno con discapacidad es básica la labor del Auxiliar Técnico Educativo. Para ello deberá evitar:

a) La participación.
b) La comunicación.
c) La competitividad.
d) Refuerzos positivos o premios.

21. La discapacidad motora más frecuente en la infancia es:

a) La parálisis cerebral.
b) La espina bífida.
c) Las distrofias musculares.
d) La discapacidad motora no es frecuente en la infancia.

22. El origen de la parálisis cerebral es una lesión encefálica que se caracteriza por ser:

a) De origen tardío.
b) Crónica.
c) Progresiva.
d) Todas son correctas.

23. Cuando la parálisis cerebral afecta a los miembros inferiores hablamos de:

a) Monoplejia.
b) Hemiplejia.
c) Paraplejia.
d) Tetraplejia.

24. Cuando la parálisis cerebral afecta a todos los miembros, tanto inferiores como superiores hablamos de:

a) Monoplejia.
b) Hemiplejia.
c) Paraplejia.
d) Tetraplejia.

25. El tipo más frecuente de parálisis cerebral según la afectación del tono muscular es:

a) Atetósica o atetoide.
b) Espástica.

c) Atáxica.
d) Mixta.

26. ¿En qué tipo de parálisis cerebral es frecuente alteración en el equilibrio corporal, marcha insegura y dificultades en la coordinación y el control de ojos y manos?

a) Atetósica o atetoide.
b) Espástica.
c) Atáxica.
d) Mixta.

27. Uno de los trastornos asociados a la parálisis cerebral es:

a) Convulsiones o epilepsia.
b) Dificultades del habla y del lenguaje.
c) Trastornos sensoriales.
d) Todas son correctas.

28. Con respecto a la discapacidad intelectual en el caso de las personas con parálisis cerebral podemos afirmar que:

a) Todas las personas con parálisis cerebral presentan discapacidad intelectual en mayor o menor grado.
b) La mayoría de las personas con parálisis cerebral presentan discapacidad intelectual moderada o grave.
c) Tan solo un tercio de las personas con parálisis cerebral presentan discapacidad intelectual moderada o grave. Otro tercio, una discapacidad intelectual leve y, el tercio restante, no presenta discapacidad intelectual.
d) Las personas con parálisis cerebral no presentan en ningún caso discapacidad intelectual.

29. La espina bífida:

a) Es una grave malformación congénita del tubo neural.
b) Se produce por una falta de cierre o fusión de los arcos vertebrales, con el consiguiente riesgo de producir daños en la médula espinal.
c) Exteriormente se manifiesta mediante un abultamiento, cubierto o no de piel, que puede contener tan solo membranas o porciones de médula espinal.
d) Todas son correctas.

30. Es el tipo de espina bífida más frecuente:

a) Meningocele.
b) Lipomeningocele.
c) Mielomeningocele o meningomielocele.
d) Siringomielocele.

31. La causa de la distrofia muscular es:

a) Defectos genéticos que ocasionan que alguna proteína del músculo esté defectuosa o no se produzca en la cantidad necesaria.
b) El déficit de ácido fólico de la madre antes de la concepción.
c) Traumatismos por accidentes graves, las infecciones como meningitis o encefalitis, trastornos vasculares, anoxia, intoxicaciones.
d) Todas son correctas.

32. La forma más frecuente y grave de distrofia muscular es:

a) De Duchenne.
b) De Becker.
c) Miotónica.
d) Facio-escapulo-humeral.

33. ¿Cuál de los siguientes tipos de distrofia muscular afecta principalmente al género masculino?

a) De Emery-Dreifuss.
b) Oculofaríngea.
c) Congénita.
d) Todas son correctas.

34. Una de las principales necesidades educativas especiales de los alumnos con discapacidad motora es:

a) El desplazamiento.
b) La manipulación.
c) El control postural.
d) Todas son correctas.

35. Los sistemas de comunicación que pretenden complementar al lenguaje oral en los casos en que, por sí solo, no es suficiente para establecer una comunicación efectiva con el entorno, se llaman:

a) Sistemas alternativos de comunicación.
b) Sistemas aumentativos de comunicación.
c) Sistemas bimodales.
d) Sistemas de comunicación total.

36. Los Sistemas Aumentativos y Alternativos de Comunicación (SAAC):

a) Son incompatibles con la rehabilitación del habla natural.
b) No requieren ninguna ayuda técnica especial.

c) Permiten a las personas con dificultades de comunicación la relación e interacción con los demás y favorecen su integración e independencia.

d) Todas son correctas.

37. El sistema de comunicación SPC (Symbols Picture Comunication):

a) Se basa en dibujos lineales o pictogramas.

b) Es un método que combina símbolos pictográficos, ideográficos (representan una idea), arbitrarios y compuestos, lo cual implica que se pueden obtener símbolos más complejos a partir de los más simples.

c) Los símbolos pictográficos se organizan en diez diferentes categorías en base a la función del símbolo, siguiendo la clave de Fitzgerald, cada una de ellas con un color diferente, lo que facilita la comprensión de la estructura sintáctica.

d) No permite su utilización en edades tempranas por su complejidad.

38. Para iniciarse en el sistema Bliss es necesario que el alumno reúna unos requisitos, entre los cuales destaca:

a) Capacidad para establecer y mantener contacto visual.

b) Mostrar deseos de comunicarse.

c) Comprender que una representación simbólica visual puede servir como señal comunicativa.

d) Todas son correctas.

39. La atención temprana se dirige a todos los niños que presentan cualquier trastorno en su desarrollo, sea de tipo físico, psíquico o sensorial, o con riesgo de padecerlo, con una edad comprendida entre:

a) 0-3 años.

b) 0-6 años.

c) 3-6 años.

d) 1-5 años.

40. Aspectos importantes en la adaptación de los retretes para las personas con discapacidad motórica son:

a) La altura del retrete.

b) El color del baño.

c) La existencia de barras de sujeción.

d) a y c son correctas.

41. Los baños y duchas:

a) Son necesarios sólo en internados para personas con discapacidad motórica.

b) Deben ser de colores llamativos, para estimular su uso.

c) Debe haberlos incluso en centros sin internado.

d) Serán obligatoriamente de agua fría.

42. Respecto a la socialización del alumno con discapacidad motórica:

a) Las barreras arquitectónicas no juegan ningún papel.
b) El Auxiliar Técnico Educativo debe de proteger especialmente a estos niños, para que no se hagan daño.
c) Debe fomentarse mediante juegos y excursiones.
d) Es un aspecto poco importante en su educación.

43. Respecto a la grifería, la más práctica en el caso de alumnos con discapacidad motórica, es:

a) La de color negro.
b) La antideslizante.
c) La multimando.
d) La monomando.

44. La dieta del alumno con discapacidad física ha de ser:

a) Hipoproteica.
b) Hiperproteica y pobre en fibra.
c) Hiperproteica y rica en fibra.
d) Rica en sales minerales.

45. La higiene personal en el alumno con discapacidad física va a prevenir la formación de:

a) Escaras.
b) Infecciones respiratorias.
c) Acné.
d) a y b son ciertas.

46. Las dificultades para la alimentación del alumno con discapacidad física pueden venir de:

a) Trastornos en músculos de la masticación.
b) Trastornos en músculos de la respiración.
c) Trastornos en músculos de extremidades superiores.
d) Todas las anteriores.

47. Para dar de comer a una persona con tetraplejia debemos situarnos:

a) Por el lado derecho.
b) Por el lado izquierdo.
c) De frente.
d) Colocándose por detrás.

48. Respecto a los utensilios adaptados a los alumnos con discapacidad física:

a) Los cubiertos deben ser puntiagudos para poder coger mejor los alimentos.
b) Los vasos han de ser de cristal y grandes.
c) Los platos no deben tener rebordes.
d) Los platos se fijan a la mesa con ventosas.

49. En el control de esfínteres del alumno con discapacidad física influyen los siguientes factores:

a) La existencia de causa orgánica para la incontinencia.
b) La existencia de déficit intelectuales.
c) a y b son correctas.
d) Su integración en colegios ordinarios.

50. ¿Qué medidas son necesarias para tratar el estreñimiento en los alumnos con discapacidad física?

a) Laxantes.
b) Masajes abdominales.
c) Dieta rica en fibra.
d) Todas las anteriores.

51. Los cambios posturales en el alumno con discapacidad física los ha de hacer:

a) El profesor tutor.
b) El rehabilitador.
c) El Auxiliar Técnico Educativo.
d) El educador.

52. Ante un alumno situado en una silla de ruedas, el Auxiliar Técnico Educativo le cambiará de postura:

a) Colocándose por delante.
b) Cada cierto tiempo.
c) No hace falta cambiarle de postura.
d) a y b son correctas.

53. Ante un alumno sin autonomía en su desplazamiento, el Auxiliar Técnico Educativo le cambiará de postura:

a) Poniéndole en decúbito prono.
b) Poniéndose por detrás.
c) Cogiéndole por las axilas.
d) Todas son correctas.

54. El Auxiliar Técnico Educativo debe tener mucha fuerza para cambiar de postura a las personas con parálisis:

a) Es cierto.
b) Es más cuestión de técnica.
c) Por eso siempre se necesita más de un Auxiliar Técnico Educativo.
d) Por eso es importante que colabore la persona con discapacidad.

55. El Auxiliar Técnico Educativo:

a) Debe ayudar siempre a la persona con parálisis a cambiar de postura.
b) Debe ayudarle cuando él no pueda por sí solo.
c) Avisará a los padres para cambiarle de postura.
d) Su misión no es cambiar de postura a las personas con parálisis.

Solución al test n.º 6

1. d) Afronta barreras que limitan su acceso, presencia, participación o aprendizaje, derivadas de discapacidad o de trastornos graves de conducta, de la comunicación y del lenguaje, por un periodo de su escolarización o a lo largo de toda ella, y que requiere determinados apoyos y atenciones educativas específicas para la consecución de los objetivos de aprendizaje adecuados a su desarrollo.

2. d) LOE.

3. c) La necesidad de no ofrecer servicios y recursos didácticos específicos, salvo excepciones, en el caso de que los alumnos no puedan beneficiarse de los ordinarios.

4. b) Engloba al alumnado que requiere una atención educativa diferente a la ordinaria, por presentar necesidades educativas especiales, por retraso madurativo, por trastornos del desarrollo del lenguaje y la comunicación, por trastornos de atención o de aprendizaje, por desconocimiento grave de la lengua de aprendizaje, por encontrarse en situación de vulnerabilidad socioeducativa, por sus altas capacidades intelectuales, por haberse incorporado tarde al sistema educativo o por condiciones personales o de historia escolar, por sus altas capacidades intelectuales, por haberse incorporado tarde al sistema educativo, o por condiciones personales o de historia escolar.

5. b) Requiere, de manera temporal o permanente, una respuesta específica y diferenciada para alcanzar los objetivos establecidos con carácter general.

6. a) Se extiende a lo largo de toda la educación.

7. d) Alumnos con enfermedades crónicas.

8. a) La discapacidad intelectual.

9. a) El individuo.

10. c) Hank Mikkelsen.

11. c) El informe Warnock.

12. d) 8.

13. d) Todas son correctas.

14. c) Inclusión.

15. b) No exige a los estudiantes que se adapten, sino que es flexible y se transforma para responder a las necesidades de los alumnos.

16. a) La colaboración y el trabajo en equipo, planteados desde un proyecto, son fases primordiales dentro de todo este proceso.

17. d) Modelo intercultural.

18. c) Mantendrá un diálogo con las familias del alumnado con nee para tratar de unificar criterios a la hora de conseguir ciertas habilidades y destrezas.

19. d) Conseguir la autonomía personal.

20. c) La competitividad.

21. a) La parálisis cerebral.

22. b) Crónica.

23. c) Paraplejia.

24. d) Tetraplejia.

25. b) Espástica.

26. c) Atáxica.

27. d) Todas son correctas.

28. c) Tan solo un tercio de las personas con parálisis cerebral presentan discapacidad intelectual moderada o grave. Otro tercio, una discapacidad intelectual leve y, el tercio restante, no presenta discapacidad intelectual.

29. d) Todas son correctas.

30. c) Mielomeningocele o meningomielocele.

31. a) Defectos genéticos que ocasionan que alguna proteína del músculo esté defectuosa o no se produzca en la cantidad necesaria.

32. a) De Duchenne.

33. a) De Emery-Dreifuss.

34. d) Todas son correctas.

35. b) Sistemas aumentativos de comunicación.

36. c) Permiten a las personas con dificultades de comunicación la relación e interacción con los demás y favorecen su integración e independencia.

37. a) Se basa en dibujos lineales o pictogramas.

38. d) Todas son correctas.

39. b) 0-6 años.

40. d) a y c son correctas.

41. c) Debe haberlos incluso en centros sin internado.

42. c) Debe fomentarse mediante juegos y excursiones.

43. d) La monomando.

44. c) Hiperproteica y rica en fibra.

45. a) Escaras.

46. d) Todas las anteriores.

47. c) De frente.

48. d) Los platos se fijan a la mesa con ventosas.

49. c) a y b son correctas.

50. d) Todas las anteriores.

51. c) El Auxiliar Técnico Educativo.

52. b) Cada cierto tiempo.

53. d) Todas son correctas.

54. b) Es más cuestión de técnica.

55. b) Debe ayudarle cuando él no pueda por sí solo.

TEST N.º 7

El alumnado con necesidades educativas especiales asociadas a discapacidad sensorial (visual, auditiva y sordoceguera). Necesidades educativas especiales del alumnado con discapacidad sensorial. Papel del ATE con este alumnado dentro y fuera del aula

1. La capacidad de nuestro sistema visual para distinguir detalles de forma nítida a una distancia y condiciones determinadas se denomina:

a) Campo visual.
b) Agudeza visual.
c) Dioptría.
d) Capacidad de visión.

2. En España es considerada legalmente ciega aquella persona cuya agudeza visual es:

a) Menor o igual al 15 % (0,15 en la escala de Wecker), obtenida con la mejor corrección óptica y/o un campo visual menor o igual a 20 grados en el mejor de sus ojos.
b) Menor o igual al 10 % (0,1 en la escala de Wecker), obtenida con la mejor corrección óptica y/o un campo visual menor o igual a 10 grados en el mejor de sus ojos.
c) Menor o igual al 10 % (0,1 en la escala de Wecker), obtenida con la mejor corrección óptica y/o un campo visual mayor o igual a 15 grados en el mejor de sus ojos.
d) Menor o igual al 15 % (0,1 en la escala de Wecker), obtenida con la mejor corrección óptica y/o un campo visual menor o igual a 15 grados en el mejor de sus ojos.

3. Se considera que un paciente tiene baja visión cuando tras la mejor corrección óptica, su agudeza visual es:

a) Menor de 0,2 en el mejor de los ojos, o un campo visual inferior a 20 grados.
b) Menor de 0,3 en el mejor de los ojos, o un campo visual inferior a 20 grados.
c) Menor de 0,2 en el mejor de los ojos, o un campo visual inferior a 25 grados.
d) Menor de 0,3 en el mejor de los ojos, o un campo visual inferior a 25 grados.

4. La pérdida de la transparencia del cristalino, total o parcial, que causa pérdida de agudeza visual se denomina:

a) Acromatopsia.
b) Catarata.
c) Estrabismo.
d) Glaucoma.

5. El nistagmus es:

a) Una oscilación rítmica e involuntaria de uno o ambos ojos que puede presentarse a cualquier edad.
b) Un error del enfoque visual que generalmente se manifiesta con una visión borrosa e incómoda de cerca, aunque, a partir de cierta edad, también se ven mal los objetos lejanos.
c) Un defecto de refracción del ojo en el que las imágenes quedan enfocadas delante de la retina.
d) La excesiva sensibilidad anormal frente a la luz.

6. ¿Cuál de las siguientes infecciones durante el embarazo puede producir ceguera?

a) Rubéola.
b) Toxoplasmosis.
c) Hepatitis.
d) a y b son correctas.

7. La fibroplasia retrolental:

a) Es causada por infecciones neonatales.
b) Se asocia a discapacidad intelectual.
c) Es causada por el oxígeno.
d) Ninguna es correcta.

8. ¿Cómo se puede manifestar la deficiencia visual en la infancia?

a) Como retraso escolar.
b) Bebés que se asustan con los ruidos.
c) Poco interés por aprender a caminar.
d) Todas son correctas.

9. La agudeza visual se explora mediante:

a) El oftalmoscopio.
b) Las tablas de Snellen.
c) La campimetría.
d) Ecografía ocular.

10. La distancia a la que se coloca la tabla de Snellen para ser leída es de:

a) 12 metros.
b) 1 metro.
c) 10 metros.
d) 6 metros.

11. El tratamiento del niño hipovisual, ambliope o con restos visuales, se basará en:

a) Aparatos ópticos.
b) Adaptar el ambiente.
c) El uso de perros guía.
d) a y b son correctas.

12. El tratamiento del niño con ceguera total se basará en:

a) Aparatos ópticos.
b) Protegerle del ambiente externo.
c) Aspectos psicopedagógicos.
d) Potenciar los restos visuales.

13. ¿Qué factores van a influir en el desarrollo del niño con discapacidad visual?

a) Cuándo surgió la ceguera.
b) Existencia de restos visuales.
c) Nivel económico de los padres.
d) a y b son correctas.

14. La hiperprotección de los padres al niño con discapacidad visual va a causarle:

a) Gran avance en el aprendizaje.
b) Ansiedad.
c) Miedo al entorno.
d) b y c son correctas.

15. Los padres deben relacionarse con el bebé con discapacidad visual por medio de:

a) Estímulos táctiles y auditivos.
b) Vista.
c) Gusto.
d) Olfato.

16. El retraso en el aprendizaje que presentan los niños con discapacidad visual es:

a) Debido a discapacidad intelectual leve asociada.
b) Menor número de experiencias enriquecedoras.

c) Desinterés por parte de los padres.
d) Irrecuperable.

17. La estimulación sensorial precoz en los niños con discapacidad visual debe potenciar:

a) La audición.
b) La manipulación de objetos.
c) La fuerza física, dado que suelen caer en el sedentarismo.
d) a y b son correctas.

18. Entre las necesidades educativas de los alumnos con ceguera encontramos:

a) Necesidad de relacionarse con el mundo físico y social a través de otros sentidos distintos a la visión.
b) Necesidad de aprender técnicas para orientarse y desplazarse en el espacio.
c) Necesidad de adquirir hábitos de autonomía personal.
d) Todas son correctas.

19. La ONCE ofrece una serie de recomendaciones para ayudar en sus desplazamientos a la persona con discapacidad visual. Entre estas recomendaciones encontramos:

a) La persona con discapacidad visual irá medio paso por delante del guía.
b) El guía debe colocarse habitualmente en el lado en el que la persona lleva el bastón.
c) El paso de los dos debe ser coordinado, adecuado a su velocidad y a las características del medio por el que se desplazan.
d) Todas son correctas.

20. Para subir y bajar escaleras como guía de una persona con discapacidad visual debemos tener en cuenta:

a) El guía deberá aproximarse siempre al borde de la escalera en perpendicular, se parará brevemente e indicará si es subida o bajada antes del inicio.
b) El guía siempre irá un escalón por detrás.
c) En escaleras mecánicas es preferible no colocar la mano sobre el pasamanos.
d) Todas son correctas.

21. El sistema alternativo de lectoescritura para las personas ciegas se denomina:

a) Lengua de signos.
b) Braille.
c) Palabra complementada.
d) Sistema Lingüístico de la ONCE (SLO).

22. La ONCE ofrece una serie de recomendaciones para la interacción social con las personas con discapacidad visual. Una de ellas es:

a) Hablar dirigiendo nuestra mirada a su cara.
b) Utilizar el nombre de la persona, si se conoce, para que tenga claro que nos dirigimos a él.
c) Indicarle si hay otra u otras personas presentes.
d) Todas son correctas.

23. Los CRE son:

a) Grupos representativos del personal educativo.
b) Centros de recursos educativos que hacen apoyo a la enseñanza del invidente.
c) Las siglas de Ciegos Reunidos de España.
d) Un organismo dependiente del Ministerio de Ecucación.

24. La escolarización de los alumnos con discapacidad visual o con discapacidad visual grave se hará en centros:

a) Ordinarios.
b) Específicos.
c) Ordinarios y con el apoyo de la ONCE.
d) Conjuntamente a otros tipos de personas con discapacidad.

25. Respecto a las adaptaciones físicas del centro, para la educación del alumno con discapacidad visual, ¿cuáles son correctas?

a) Las puertas deben estar entreabiertas.
b) El aula dispondrá sólo de luz artificial.
c) El color de las paredes y suelos debe ser el mismo.
d) Las ventanas deben ser correderas o de guillotina.

26. ¿Qué personal se necesita para la enseñanza del alumno con discapacidad visual?

a) Rehabilitadores básicos y visuales.
b) Tiflotecnólogos.
c) Profesores de apoyo.
d) Todos los anteriores.

27. ¿Cuál es una de las funciones del Auxiliar Técnico Educativo en el caso de alumnos con discapacidad visual?

a) Facilitarles el desplazamiento.
b) Encargarse del material de juego.

c) Acompañarles en recreos y excursiones.
d) Todas las anteriores.

28. El sistema de lectoescritura de las personas con ceguera total es:

a) El sistema internacional.
b) El sistema Braille.
c) El sistema de tinta.
d) El sistema decimal.

29. En el caso de que existan restos visuales el método de lectoescritura será:

a) Táctil o Braille.
b) De tinta.
c) Por signos.
d) a y b son correctas.

30. La máquina Perkins es:

a) Una silla de ruedas especial para transportar personas con discapacidad visual.
b) Una máquina de escribir en Braille.
c) Una máquina de escribir en tinta, para personas con discapacidad visual.
d) Una lupa para lectura de hipovisuales.

31. El sistema Braille:

a) Es un código de lectoescritura en relieve.
b) Se basa en seis puntos (signo generador).
c) Debe iniciarse su aprendizaje desde la etapa preescolar.
d) Todas son correctas.

32. Respecto a la socialización del alumno con discapacidad visual:

a) Debe iniciarse desde la familia.
b) Son contraproducentes los juegos escolares entre videntes e invidentes.
c) Es muy difícil dado su carácter peculiar.
d) Les imposibilitará llegar a un gran número de profesiones.

33. Entre las orientaciones metodológicas para la atención educativa al alumnado con discapacidad visual podemos citar:

a) Debemos partir de lo concreto y particular, hasta llegar a lo global y general.
b) El alumno/a con ceguera necesita ir explorando por partes los objetos hasta descubrirlos o conocerlos. Este carácter analítico de la exploración táctil implica, por tanto, un aprendizaje más lento.

c) El alumnado con discapacidad visual recibe poca información de su entorno. Debemos seleccionarles, en la medida de lo posible, "actividades tipo" que resulten representativas del repertorio básico a adquirir.

d) Todas son correctas.

34. Los alumnos con pérdida del campo visual central tienen más problemas para:

a) Ver la televisión.
b) Desplazamientos.
c) Leer palabras cortas.
d) Todas son correctas.

35. Un ejemplo de patología que afecta a la reducción concéntrica es:

a) Traumatismos.
b) Retinopatía diabética.
c) Glaucoma.
d) Tumores.

36. La mayor dificultad para los alumnos con reducción concéntrica está en:

a) Leer textos.
b) Ver detalles pequeños.
c) La orientación y la movilidad.
d) Todas son correctas.

37. Ocasionan pérdida de visión de la mitad del campo visual a causa de una lesión en el nervio óptico a nivel cerebral:

a) Reducción concéntrica.
b) Hemianopsias.
c) Afecciones en la fóvea y la retina.
d) Nistagmus.

38. La visión borrosa sin alteraciones en el campo visual:

a) Está originada principalmente por lesión en el nervio óptico a nivel cerebral.
b) Interfieren en los desplazamientos pues impiden la visión del suelo.
c) No interfiere en la percepción del color.
d) Ocasiona dificultad para la realización de actividades que requieran visión de detalles.

39. El nistagmus en resorte se caracteriza por:

a) Movimientos horizontales, verticales, diagonales o rotatorios, que siempre tienen la misma velocidad en cada dirección.
b) Movimientos horizontales, verticales, diagonales o rotatorios, que siempre son lentos.

c) Movimientos horizontales, verticales, diagonales o rotatorios, que siempre son rápidos.

d) Estar formado por un movimiento lento en una dirección y un componente rápido en la otra, siendo el rápido el que define la dirección del nistagmus.

40. Entre los aspectos relacionados con las características personales que pueden incidir directamente en el logro de la autonomía de las personas con discapacidad visual podemos mencionar:

a) Las actitudes ante las diferentes situaciones cotidianas.

b) La capacidad para resolver problemas.

c) El ajuste personal a la pérdida visual.

d) Todas son correctas.

41. El entrenamiento en la adquisición de hábitos de autonomía y cuidado personal pretende conseguir que:

a) La discapacidad visual tenga la menor repercusión posible en la autonomía del individuo.

b) El alumno con discapacidad visual sea capaz de realizar por sí mismo todas las actividades de la vida diaria.

c) Los compañeros de los alumnos con discapacidad visual aprendan a guiarlos en sus desplazamientos.

d) El alumno con discapacidad visual aprenda braille.

42. El primer paso en la planificación del entrenamiento en la adquisición de hábitos de autonomía y cuidado personal es:

a) La valoración del sujeto.

b) La secuenciación de la actividad.

c) Motivar al alumno.

d) El entrenamiento no se planifica. Las propias necesidades nos irán indicando qué aspectos tenemos que potenciar y educar.

43. Para determinar las estrategias a utilizar durante el entrenamiento debemos tener en cuenta:

a) Las habilidades perceptivas.

b) Las habilidades sociales.

c) La incorporación de materiales y recursos que faciliten la actividad.

d) Todas son correctas.

44. Los materiales artesanales elaborados a medida para apoyar en una necesidad específica de la persona con discapacidad visual se denominan:

a) Materiales convencionales.

b) Materiales específicos.

c) Materiales adaptados.

d) Los materiales utilizados para apoyar las necesidades de las personas con discapacidad visual deben ser homologados, por lo que no pueden elaborarse artesanalmente.

45. Los utensilios son ergonómicos cuando:

a) Pueden ser utilizados por personas con discapacidad.

b) Sirven para múltiples usos.

c) Se adaptan a las necesidades del usuario.

d) Cumplen las normas de seguridad en su elaboración y uso de materiales.

46. Entre las estrategias profesionales para fomentar la autonomía de los niños con discapacidad visual podemos citar:

a) Comenzar por las actividades que presenten una mayor dificultad. Cuando logre hacerlas por sí mismo estará mucho más motivado para continuar con el entrenamiento.

b) No proporcionar al alumno información sobre los aspectos relativos a su programa de rehabilitación. Debe experimentarlo sin tener información previa.

c) Elegir entornos de trabajo adecuados a las posibilidades del alumno: interiores tranquilos, con pocos estímulos al principio y exteriores cada vez más complicados, cuando muestre un desarrollo adecuado de las habilidades.

d) Todas son correctas.

47. Al cumplir los seis años el niño con discapacidad visual debe haber adquirido las habilidades que se especifican a continuación, excepto:

a) En relación con el aseo y arreglo personal debe ser capaz de usar el wc correctamente, lavarse y secarse las manos, lavarse los dientes, bañarse con ayuda, vestirse y desvestirse con prendas sencillas y ponerse el abrigo.

b) En relación con los hábitos de alimentación será capaz de servirse agua del grifo y beber solo, utilizar el tenedor y la cuchara con alimentos fáciles y usar la servilleta.

c) En cuanto a las tareas en casa debe ser capaz de recoger sus juguetes y ayudar a poner y a quitar la mesa.

d) En relación a tareas cotidianas, uso y manejo del dinero (realización de compras sencillas); uso del teléfono (marcar un número y conocer el suyo propio); uso del reloj, televisión, equipos de música, etc.

48. Señala la afirmación correcta sobre la adquisición de hábitos de alimentación en la persona con discapacidad visual:

a) Incluye únicamente el correcto uso de los cubiertos y una postura correcta.

b) Para localizar los distintos elementos que hay en la mesa la persona con discapacidad visual puede realizar exploraciones que deben ser lentas y suaves tocando la mesa con los dedos flexionados y nunca por la parte superior, que conlleva más riesgo (especialmente si hay copas).

c) No es conveniente mantener el contacto con el plato en todo momento.
d) Todas son correctas.

49. Para facilitar la localización de los alimentos y los utensilios en la mesa a las personas con resto de visión, se pueden utilizar vajillas, cristalerías y cuberterías que:

a) Sean de tonos claros.
b) Sean de tonos oscuros.
c) Hagan contraste visual con los elementos textiles y los alimentos.
d) Que sean de la misma gama cromática que los elementos textiles y los alimentos.

50. Para favorecer el hábito correcto del baño o la ducha de la persona con discapacidad visual podemos utilizar facilitadores como:

a) Es preferible utilizar cortinas en vez de mamparas.
b) Se pueden usar dosificadores diferentes para cada producto de higiene (champú, gel, cremas hidratantes…).
c) Utilizar textiles y complementos de la misma gama cromática que el resto de elementos que hay en el baño.
d) Todas son correctas.

51. La discapacidad auditiva por la que el individuo no percibe ningún sonido y supone una pérdida total de audición, se denomina:

a) Hipoacusia.
b) Anacusia o cofosis.
c) Disacusia.
d) Dependencia auditiva.

52. Se consideran deficiencias auditivas severas en el caso de:

a) Umbral entre 21 y 40 decibelios.
b) Umbral entre 41 y 70 decibelios.
c) Umbral entre 71 y 90 decibelios.
d) Umbral superior a 90 decibelios.

53. ¿Qué parte del sistema auditivo puede estar afectada en la hipoacusia de conducción?

a) Oído externo.
b) Oído interno.
c) Oído medio.
d) a y c son correctas.

54. La perforación timpánica causa:

a) Hipoacusia de conducción.
b) Hipoacusia de percepción.
c) Sordera mixta.
d) Cualquiera de las anteriores.

55. La otosclerosis:

a) Causa hipoacusia de transmisión.
b) Aparece en fase poslocutiva.
c) Cursa con osificación excesiva del estribo.
d) Todas son correctas.

56. Los antibióticos aminoglucósidos causan:

a) Hipoacusia de conducción.
b) Hipoacusia de transmisión.
c) Hipoacusia de percepción.
d) Hipoacusia mixta.

57. La prueba ideal para estudiar la capacidad auditiva es:

a) La exploración del tímpano.
b) El escáner craneal.
c) La audiometría.
d) El test del ruido.

58. La voz humana normal tiene una intensidad de:

a) 1.000 Hz.
b) 500 dB.
c) 40-60 dB.
d) 40-60 Hz.

59. En la hipoacusia de transmisión, la audiometría:

a) Es normal la conducción ósea y la aérea.
b) Es anormal la conducción ósea y normal la aérea.
c) Es normal la conducción ósea y alterada la aérea.
d) Están alteradas la ósea y la aérea.

60. En la hipoacusia de percepción, la audiometría:

a) Son anormales la conducción ósea y aérea.
b) Son normales ambas conducciones.

c) Es normal sólo la conducción ósea.
d) Es normal sólo la conducción aérea.

61. Los audífonos:

a) Sirven para amplificar la intensidad de los sonidos.
b) Se componen de micrófono, amplificador y altavoz.
c) Pueden transmitir el sonido por vía ósea y aérea.
d) Todas son correctas.

62. El implante coclear:

a) Es un tipo de audífono interno.
b) Se usa cuando está dañado el nervio auditivo.
c) Transforma sonidos en descargas eléctricas.
d) Todas son correctas.

63. El aislamiento comunicativo del niño con discapacidad auditiva puede causar dificultades:

a) Desarrollo psicomotor.
b) Desarrollo intelectual.
c) Emocional.
d) Todas las anteriores.

64. Los retrasos en el aprendizaje del niño con discapacidad auditiva se deben a:

a) Ligera discapacidad intelectual.
b) Falta de comunicación oral.
c) Carácter de los mismos.
d) Segregación familiar.

65. Los logopedas tienen como misión en la educación del niño con discapacidad auditiva:

a) Aprendizaje del lenguaje.
b) Actividades de juego.
c) Enseñanza de geografía e historia.
d) Rehabilitación básica.

66. Respecto al aula en un centro escolar con niños con discapacidad auditiva:

a) Los niños con discapacidad auditiva deben sentarse en la parte trasera de la clase, pues no oyen.
b) El profesor se colocará al lado de la oreja del niño con discapacidad auditiva.

c) La terapia auditiva se hará en clases próximas al patio, para que puedan oír ruidos.

d) El niño con discapacidad auditiva se colocará en los pupitres delanteros y el profesor frente a él.

67. La forma más eficaz de luchar contra la marginación del niño con discapacidad auditiva es:

a) Dejar que asistan a centros escolares ordinarios.

b) Pagarles un sueldo por discapacidad.

c) Enseñarles una forma de lenguaje.

d) Crear grupos recreativos de personas con discapacidad auditiva.

68. La lengua de signos:

a) Es un sistema de comunicación.

b) Es una lengua natural de carácter visual, gestual y espacial con gramática propia.

c) Es universal. No existen diferentes lenguas de signos.

d) Es la lengua utilizada por personas con discapacidad intelectual.

69. ¿Qué organismo trabaja por la normalización de la lengua de signos española, actuando como centro asesor y de referencia que vela por su buen uso y contribuye a garantizar los derechos lingüísticos de las personas signantes?

a) Centro de Normalización Lingüística de la Lengua de Signos Española (CNLSE).

b) Asociación Española de Personas Signantes (AEPS).

c) Confederación Estatal de Personas Sordas (CNSE).

d) Confederación Española de Familias de Personas Sordas (FIAPAS).

70. El derecho al uso de la Lengua de Signos se encuentra regulado en España a través de:

a) La Ley 40/2005 de 4 de diciembre.

b) La Ley 27/2007 de 23 de octubre.

c) La Ley 8/2010 de 26 de enero.

d) La Ley 15/2014 de 6 de junio.

71. Según definición de la Ley por la que se reconocen las lenguas de signos españolas y se regulan los medios de apoyo a la comunicación oral de las personas con discapacidad auditiva, con discapacidad auditiva y sordociegas, los profesionales especializados en sistemas alternativos y/o sistemas aumentativos de apoyo a la comunicación oral, que estimulan y facilitan el desarrollo de la misma, son:

a) Intérprete de lengua de signos.

b) Guía-intérprete.

c) Logopeda y Maestro/a Especialista en audición y lenguaje.

d) Todas son correctas.

72. La ley citada anteriormente se inspira en una serie de principios. Señala el incorrecto:

a) Transversalidad de las políticas en materia de lengua de signos y medios de apoyo a la comunicación oral.
b) Libertad de elección.
c) Inclusión.
d) Normalización.

73. Según el artículo 6 de la Ley citada en los ítems anteriores, de acuerdo con el principio de transversalidad de las políticas en materia de discapacidad, lo dispuesto en esta Ley se aplicará en las siguientes áreas excepto:

a) Bienes y servicios a disposición del público.
b) Transportes.
c) Salas de cine.
d) Participación política.

74. Señala la afirmación correcta sobre el Cued-Speech o palabra complementada:

a) Fue elaborado por Borel-Maissony, concebido originalmente para la reeducación de los trastornos de lecto-escritura.
b) Es un sistema de comunicación, que cuenta con un código manual que se desarrolla alrededor de la cara (posición de la mano, forma de la mano y movimiento de la mano).
c) Su uso sustituye al entrenamiento del aprendizaje de sonidos de la lengua y de la lengua de signos.
d) Todas son correctas.

75. ¿Qué es el SUVAG (Sistema Universal de Audición de Guberina)?

a) Un tipo de implante coclear.
b) Un tipo de audífono retroauricular.
c) Un equipo de amplificación diseñado por P. Guberina, para aplicación dentro del método Verbotonal de la educación de niños con deficiencias auditivas.
d) El organismo internacional que regula la lengua de signos.

76. ¿Qué sistema de comunicación consiste en ir deletreando todo lo que habla mediante figuras de la mano, acompañadas en ocasiones por movimientos que corresponden a la trascripción del alfabeto?

a) Mímico.
b) Dactilógico.
c) Lengua de signos.
d) Cued-Speech.

77. Los equipos de amplificación más utilizados por las personas con discapacidad auditiva son:

a) Audífonos.
b) Prótesis eléctricas.
c) Equipos de reeducación.
d) Equipos individuales de FM.

78. Tipo de audífonos que constan de una cajita metálica que contiene un amplificador y controles que se unen a los hilos de los receptores auriculares:

a) Audífonos de petaca.
b) Audífono retroauricular.
c) Audífono intraauricular.
d) Audífono intracanales.

79. ¿Cuál es la función de un implante coclear?

a) Transmitir la señal sonora mediante ondas de alta frecuencia desde la fuente de sonido hasta el audífono del sujeto.
b) Estimular eléctricamente las vías auditivas.
c) Transmitir sonidos por vía táctil.
d) Todas son correctas.

80. ¿Qué es el SUVAG (Sistema Universal de Audición de Guberina)?

a) Un tipo de implante coclear.
b) Un tipo de audífono retroauricular.
c) Un equipo de amplificación diseñado por P. Guberina, para aplicación dentro del método Verbotonal de la educación de niños con deficiencias auditivas.
d) El organismo internacional que regula la lengua de signos.

81. En la estimulación vibrotáctil el sonido se transmite:

a) Al oído.
b) A un amplificador.
c) A un vibrador.
d) A un receptor.

82. Es un Tutor Virtual para Aprender a Hablar. Está dirigido a niños que presentan graves problemas de sordera y que desean aprender a hablar con normalidad:

a) Globus.
b) Speech Viewer III-IBM.
c) BALDI.
d) Sign Language Teacher.

Solución al test n.º 7

1. b) Agudeza visual.

2. b) Menor o igual al 10 % (0,1 en la escala de Wecker), obtenida con la mejor corrección óptica y/o un campo visual menor o igual a 10 grados en el mejor de sus ojos.

3. b) Menor de 0,3 en el mejor de los ojos, o un campo visual inferior a 20 grados.

4. b) Catarata.

5. a) Una oscilación rítmica e involuntaria de uno o ambos ojos que puede presentarse a cualquier edad.

6. d) a y b son correctas.

7. c) Es causada por el oxígeno.

8. d) Todas son correctas.

9. b) Las tablas de Snellen.

10. d) 6 metros.

11. d) a y b son correctas.

12. c) Aspectos psicopedagógicos.

13. d) a y b son correctas.

14. d) b y c son correctas.

15. a) Estímulos táctiles y auditivos.

16. b) Menor número de experiencias enriquecedoras.

17. d) a y b son correctas.

18. d) Todas son correctas.

19. c) El paso de los dos debe ser coordinado, adecuado a su velocidad y a las características del medio por el que se desplazan.

20. a) El guía deberá aproximarse siempre al borde de la escalera en perpendicular, se parará brevemente e indicará si es subida o bajada antes del inicio.

21. b) Braille.

22. d) Todas son correctas.

23. b) Centros de recursos educativos que hacen apoyo a la enseñanza del invidente.

24. c) Ordinarios y con el apoyo de la ONCE..

25. d) Las ventanas deben ser correderas o de guillotina.

26. d) Todos los anteriores.

27. d) Todas las anteriores.

28. b) El sistema Braille.

29. d) a y b son correctas.

30. b) Una máquina de escribir en Braille.

31. d) Todas son correctas.

32. a) Debe iniciarse desde la familia.

33. d) Todas son correctas.

34. a) Ver la televisión.

35. c) Glaucoma.

36. c) La orientación y la movilidad.

37. b) Hemianopsias.

38. d) Ocasiona dificultad para la realización de actividades que requieran visión de detalles.

39. d) Estar formado por un movimiento lento en una dirección y un componente rápido en la otra, siendo el rápido el que define la dirección del nistagmus.

40. d) Todas son correctas.

41. a) La discapacidad visual tenga la menor repercusión posible en la autonomía del individuo.

42. b) La secuenciación de la actividad.

43. d) Todas son correctas.

44. c) Materiales adaptados.

45. c) Se adaptan a las necesidades del usuario.

46. c) Elegir entornos de trabajo adecuados a las posibilidades del alumno: interiores tranquilos, con pocos estímulos al principio y exteriores cada vez más complicados, cuando muestre un desarrollo adecuado de las habilidades.

47. d) En relación a tareas cotidianas, uso y manejo del dinero (realización de compras sencillas); uso del teléfono (marcar un número y conocer el suyo propio); uso del reloj, televisión, equipos de música, etc.

48. b) Para localizar los distintos elementos que hay en la mesa la persona con discapacidad visual puede realizar exploraciones que deben ser lentas y suaves tocando la mesa con los dedos flexionados y nunca por la parte superior, que conlleva más riesgo (especialmente si hay copas).

49. c) Hagan contraste visual con los elementos textiles y los alimentos.

50. b) Se pueden usar dosificadores diferentes para cada producto de higiene (champú, gel, cremas hidratantes…).

51. b) Anacusia o cofosis.

52. c) Umbral inferior entre 71 y 90 decibelios.

53. d) a y c son correctas.

54. a) Hipoacusia de conducción.

55. d) Todas son correctas.

56. c) Hipoacusia de percepción.

57. c) La audiometría.

58. c) 40-60 dB.

59. c) Es normal la conducción ósea y alterada la aérea.

60. a) Son anormales la conducción ósea y aérea.

61. d) Todas son correctas.

62. c) Transforma sonidos en descargas eléctricas.

63. d) Todas las anteriores.

64. b) Falta de comunicación oral.

65 a) Aprendizaje del lenguaje.

66. d) El niño con discapacidad auditiva se colocará en los pupitres delanteros y el profesor frente a él.

67. c) Enseñarles una forma de lenguaje.

68. b) Es una lengua natural de carácter visual, gestual y espacial con gramática propia.

69. a) Centro de Normalización Lingüística de la Lengua de Signos Española (CNLSE).

70. b) La Ley 27/2007 de 23 de octubre.

71. c) Logopeda y Maestro/a Especialista en audición y lenguaje.

72. c) Inclusión.

73. c) Salas de cine.

74. b) Es un sistema de comunicación, que cuenta con un código manual que se desarrolla alrededor de la cara (posición de la mano, forma de la mano y movimiento de la mano).

75. c) Un equipo de amplificación diseñado por P. Guberina, para aplicación dentro del método Verbotonal de la educación de niños con deficiencias auditivas.

76. b) Dactilógico.

77. a) Audífonos.

78. a) Audífonos de petaca.

79. b) Estimular eléctricamente las vías auditivas.

80. c) Un equipo de amplificación diseñado por P. Guberina, para aplicación dentro del método Verbotonal de la educación de niños con deficiencias auditivas.

81. c) A un vibrador.

82. c) BALDI.

El alumnado con necesidades educativas especiales asociadas a discapacidad intelectual. Necesidades educativas especiales del alumnado con discapacidad intelectual. Papel del ATE con este alumnado

1. En 2021 se ha publicado la duodécima edición del manual "Discapacidad intelectual: definición, diagnóstico, clasificación y sistemas de apoyo". Según esta definición la discapacidad se origina antes de los:

a) 16 años.
b) 18 años.
c) 20 años.
d) 22 años.

2. La definición de "retraso mental" que da la AAIDD en 1992 supuso un cambio de paradigma. Este nuevo paradigma se basaba en:

a) El cociente intelectual o CI.
b) Los apoyos.
c) El sistema de clasificación de la Organización Mundial de la Salud.
d) El déficit intelectual.

3. La AAIDD actualmente define la discapacidad intelectual como una discapacidad que se caracteriza por:

a) Limitaciones en el funcionamiento intelectual y en la conducta adaptativa.
b) Rendimiento académico por debajo de la media.
c) Originarse después de los 18 años.
d) a) y c) son correctas.

4. El sistema de clasificación de la discapacidad intelectual según la AAIDD se basa en:

a) El contexto social.
b) El nivel de adaptación.
c) La intensidad de los apoyos necesarios.
d) El CI (Ligero, moderado, grave y profundo).

5. Siguiendo un criterio cuantitativo podemos considerar que una persona tiene discapacidad intelectual si su CI está por debajo de:

a) 50.
b) 60.
c) 70.
d) 80.

6. Los principales criterios de diagnóstico de discapacidad intelectual son:

a) Capacidad intelectual, capacidad comunicativa y habilidades funcionales.
b) Adaptación social, CI y niveles de interacción.
c) Salud física, salud mental y etiología.
d) Capacidad intelectual, conducta adaptativa y edad de comienzo.

7. La persona con discapacidad intelectual leve:

a) No es capaz de realizar actividades mentales muy complejas.
b) Aunque adquiere el lenguaje no es capaz de alcanzar la capacidad para mantener una conversación.
c) Necesita ayuda y supervisión constante.
d) A y b son correctas.

8. El nivel de adaptación es una de las dimensiones que definen la discapacidad intelectual según la AAIDD. Las habilidades adaptativas pueden ser de tres tipos:

a) Ambientales, culturales y laborales.
b) Conceptuales, sociales y prácticas.
c) Físicas, mentales y sociales.
d) Comunicativas, interactivas y académicas.

9. En cuanto al trabajo:

a) Las personas con discapacidad intelectual no pueden acceder al mundo laboral, pues reciben prestaciones económicas por discapacidad.
b) Es fundamental para que la persona con discapacidad intelectual adquiera cierta independencia.

c) La persona con discapacidad intelectual puede conseguir un buen funcionamiento laboral si recibe los apoyos necesarios.

d) b y c son correctas.

10. Respecto a las habilidades sociales, las personas con discapacidad intelectual:

a) Tienen dificultades para percibir los estímulos sociales.

b) Son capaces de reaccionar perfectamente ante situaciones nuevas.

c) Sólo pueden relacionarse de forma adecuada con otros discapacitados que tengan su mismo grado de discapacidad.

d) a y b son correctas.

11. En lo referente a la salud física de la persona con discapacidad intelectual podemos decir que:

a) Tienen una salud mucho más deficitaria que el resto de la población debido principalmente a las frecuentes autoagresiones.

b) La discapacidad intelectual siempre va asociado con crisis convulsivas más o menos frecuentes.

c) Es fundamental contar con la colaboración de los familiares, pues muchas veces no son capaces de identificar los signos de enfermedad y/o de comunicarlcs.

d) a y b son ciertas.

12. En cuanto a la salud mental de estas personas podemos considerar cierta la siguiente afirmación:

a) A mayor grado de discapacidad intelectual, mayor probabilidad de presentar problemas emocionales.

b) A mayor grado de discapacidad intelectual, menor probabilidad de presentar problemas emocionales.

c) Sólo las personas con discapacidad intelectual severa o profunda muestran problemas emocionales.

d) Sólo las personas con discapacidad intelectual ligera o moderada muestran problemas emocionales.

13. El comportamiento de un adulto con discapacidad intelectual:

a) Es equiparable bajo todos los aspectos y en todas las circunstancias al de un niño.

b) Es diferente al comportamiento infantil, pues han desarrollado una cierta madurez humana y social.

c) Se puede equiparar a la de un niño cuya edad cronológica corresponda con su edad mental.

d) Siempre es disruptivo, lo que imposibilita las relaciones sociales.

14. Sobre la sexualidad del adulto con discapacidad intelectual es correcto decir que:

a) Son personas asexuadas, es decir, carecen de deseo y capacidad sexual.

b) Poseen una sexualidad descontrolada, no son capaces de autorregularse.

c) Pueden mantener relaciones sexuales esporádicas, pero no son capaces de mantener relaciones relativamente estables.

d) Su sexualidad es muy parecida a la del resto de individuos, pudiendo incluso hacer una clara elección de su pareja y mantener una relación más o menos estable.

15. El pobre autoconcepto que suele presentar la persona con discapacidad intelectual se atribuye principalmente a:

a) El bajo CI.

b) La falta de integración social.

c) El modo en que la sociedad reacciona ante ellos.

d) La carencia de normativa legal que apoye a este colectivo.

16. Respecto al diagnóstico etiológico podemos decir que:

a) Sólo se conoce en el 50% de los casos.

b) Es fundamental para predecir el nivel de funcionamiento intelectual.

c) Es imprescindible para conocer de antemano el nivel de adaptación que tendrá la persona con discapacidad intelectual.

d) Todas las opciones son correctas.

17. El contexto social influye en el grado de autonomía que pueda alcanzar la persona con discapacidad intelectual porque:

a) Un ambiente excesivamente protector dará como resultado personas totalmente independientes.

b) En un ambiente demasiado protector la persona con discapacidad intelectual siempre dependerá de los demás, incluso en cosas para las que está capacitado.

c) Si mostramos unas expectativas superiores a la capacidad real de la persona estaremos favoreciendo su desarrollo, pues intentará por todos los medios no defraudar.

d) b y c son correctas.

18. El Manual Diagnóstico y Estadístico de las Trastornos Mentales DSM-5 de la APA en su 5.ª edición (2015) define la discapacidad intelectual (trastorno del desarrollo intelectual) dentro de los:

a) Trastornos del desarrollo.

b) Trastornos motores.

c) Trastornos somáticos.

d) Trastornos del neurodesarrollo.

19. Siguiendo a Luckasson y colaboradores se distinguen cuatro tipos de apoyos:

a) Limitados, poco extensos, generalizados, intermitentes.
b) Intermitente, ilimitados, extensos, generalizados.
c) Intermitente, limitados, extensos, generalizados.
d) Intermitente, limitados, extensos, individuales.

20. Siguiendo a Luckasson y colaboradores, la intensidad de apoyos caracterizada por su consistencia a lo largo del tiempo, se ofrecen por un tiempo limitado, pero sin naturaleza intermitente, son:

a) Apoyos limitados.
b) Apoyos extensos.
c) Apoyos intermitentes.
d) Apoyos generalizados.

21. Entre los déficits cognitivos más relevantes en los alumnos con discapacidad intelectual podemos encontrar:

a) Déficit de memoria.
b) Déficit de categorización.
c) Déficit en resoluciones de problemas.
d) Todas son correctas.

22. Para dar respuesta a las necesidades que plantea un alumno con discapacidad intelectual grave en el dominio conceptual debemos tener en cuenta:

a) Establecimiento de relaciones de causa-efecto entre sus acciones y las consecuencias que éstas producen en el medio.
b) Partir de lo concreto (aspectos funcionales y significativos, enfatizar el qué y el cómo antes que el porqué).
c) Incluir en la A.C.I. los ajustes precisos de los elementos curriculares (objetivos, contenidos, actividades, metodología...).
d) Aprendizaje de rutinas y habilidades concretas en sus entornos naturales.

23. La siguiente medida "Evitar la sobreprotección, dar sólo el grado preciso de ayuda", pretende dar respuesta a las necesidades que plantea un alumno con discapacidad intelectual en el dominio:

a) Conceptual
b) Individual.
c) Social.
d) Práctico.

24. Según el DSM-5 para que se pueda diagnosticar discapacidad intelectual se deben cumplir tres criterios. Señala el incorrecto:

a) Deficiencias de las funciones intelectuales.
b) Deficiencias del comportamiento adaptativo.
c) Retraso en el desarrollo psicomotor.
d) Inicio durante el periodo del desarrollo.

25. Con el fin de contrarrestar los déficits que van a limitar su autonomía personal, todos los niños con discapacidad intelectual:

a) Deben participar desde su nacimiento en programas de estimulación infantil.
b) Deben estar escolarizados en centros de educación especial desde los 3 años.
c) Deben estar escolarizados en centros de educación especial desde los 6 años.
d) a y c son correctas.

26. Las habilidades de autonomía personal incluyen:

a) Todos los comportamientos relacionados con el autocuidado.
b) La realización de las tareas del hogar.
c) Los desplazamientos fuera del hogar.
d) Todas son correctas.

27. La sobreprotección del alumno con discapacidad intelectual:

a) Permite un desarrollo más rápido de los hábitos de autonomía.
b) Aunque retrasa un poco la adquisición de los hábitos de autonomía, lo que se consigue es más duradero.
c) Provoca una fuerte dependencia en el futuro de la persona con discapacidad intelectual hacia los padres y madres y viceversa.
d) Facilita la inclusión social de las personas con discapacidad.

28. Para trabajar todos los hábitos de autonomía en las personas con discapacidad intelectual es necesario (señala el enunciado incorrecto):

a) Nos fijaremos en sus capacidades.
b) Tendremos en cuenta sus gustos y preferencias.
c) Decidir por ellos.
d) Paciencia y constancia.

29. Señala la afirmación correcta sobre el hábito de vestirse y desvestirse en los alumnos con discapacidad intelectual:

a) Los alumnos con discapacidad intelectual siempre desarrollan las habilidades de vestirse y desvestirse a la edad habitual del desarrollo, pues su principal dificultad no es a nivel motor ni de coordinación.
b) Los alumnos con discapacidad intelectual no siempre tienen las habilidades de vestirse y desvestirse a la edad habitual del desarrollo, por ello es necesario realizar estas actividades por ellos.

c) Los alumnos con discapacidad intelectual no siempre tienen las habilidades de vestirse y desvestirse a la edad habitual del desarrollo, por ello es necesario ayudarle a desarrollar dichas habilidades.

d) Los alumnos con discapacidad intelectual nunca alcanzarán el desarrollo de las habilidades necesarias para vestirse y desvestirse.

30. ¿Qué situarías en primer lugar en la secuencia para adquirir el hábito de vestirse y desvestirse?

a) Prendas de vestir con botones pequeños.
b) Prendas de vestir con botones grandes.
c) Prendas de vestir que incluyan cremalleras.
d) Zapatos con cordones.

31. Se debe empezar con el entrenamiento del alumno con discapacidad intelectual en hábitos de higiene:

a) Desde el nacimiento.
b) En la etapa de educación infantil.
c) En la etapa de educación primaria.
d) En el mismo momento que tenga la habilidad motora suficiente.

32. Entre los hábitos de higiene necesarios está:

a) Realizar por sí mismo/a el lavado del cuerpo.
b) Lavarse las manos antes de cada comida (almuerzo, comedor...).
c) Cepillarse los dientes después de cada comida.
d) Todas son correctas.

33. ¿Cómo podemos facilitar el lavado de dientes en niños con discapacidad intelectual con hipotonía?

a) Utilizando solo el cepillo, sin pasta de dientes.
b) Utilizando un cepillo de dientes con mayor peso en el mango.
c) Utilizando cepillos de dientes eléctricos.
d) Dejando que sea el ATE el que lo haga.

34. Señala la afirmación correcta:

a) Para que el alumno con discapacidad intelectual adquiera autonomía, los ATE deberán realizar las distintas actividades de higiene en su lugar durante un tiempo prolongado.

b) La colocación de fotos frente al lavabo y al lado del cristal pueden ser una buena ayuda para recordar la secuencia de las acciones que hay que hacer.

c) Para enseñar el hábito de cortarse las uñas usaremos siempre unas tijeras pequeñas, nunca un cortaúñas.

d) Todas son correctas.

35. Señala lo correcto sobre los hábitos de alimentación:

a) El niño con discapacidad intelectual adquiere los hábitos de alimentación mediante diferentes procesos que el resto de los niños, pero a una velocidad más lenta.

b) El niño con discapacidad intelectual puede adquirir los hábitos de alimentación siguiendo los mismos procesos que el resto de los niños, pero a una velocidad más lenta.

c) El niño con discapacidad intelectual puede adquirir los hábitos de alimentación siguiendo los mismos procesos que el resto de los niños, pero a una velocidad más rápida.

d) El niño con discapacidad intelectual no puede adquirir los hábitos de alimentación.

36. ¿Cuándo es conveniente sentar al niño con discapacidad intelectual en la trona para comer y dejarlo experimentar?

a) En el momento en que el niño pueda mantenerse sentado.

b) A los 12 meses.

c) A los dos años de edad.

d) No conviene sentarlo solo en la trona.

37. ¿Hacia qué edad se puede comenzar el aprendizaje del uso del cuchillo con alimentos blandos?

a) Hacia los 7 años.

b) Hacia los 10 años.

c) Hacia los 12 años.

d) Nunca. Las personas con discapacidad intelectual no deben utilizar este cubierto por el riesgo que entraña.

38. Para favorecer unos buenos hábitos de alimentación es necesario:

a) Hacer del acto de comer un acto placentero.

b) Utilizar la comida como premio y/o castigo.

c) Utilizar la televisión o juegos como medio para entretenerlo.

d) Todas son correctas.

39. Los hábitos o habilidades sociales se caracterizan porque:

a) Son innatas y por tanto no se pueden enseñar.

b) Deben ser socialmente adaptadas.

c) No deben estar bajo el control de las personas.

d) Todas son correctas.

40. Una característica de las habilidades sociales es:

a) La conducta social adecuada es independiente del contexto.

b) La habilidad social debe considerarse dentro de un marco cultural determinado.

c) Las habilidades sociales no varían. Se mantienen estables a lo largo del tiempo.

d) Todas son correctas.

41. Una de las técnicas utilizada para el desarrollo de las habilidades sociales consiste en descomponer la conducta en pequeños pasos e ir practicando y reforzando cada uno de ellos, prestando la ayuda que vaya precisando durante el proceso de aprendizaje. ¿De qué técnica se trata?

a) Retroalimentación de la actuación o feedback.
b) Modelado.
c) Práctica de conducta.
d) Moldeamiento.

42. Cuando hablamos de aprendizaje vicario nos referimos a:

a) Retroalimentación de la actuación o feedback.
b) Modelado.
c) Práctica de conducta.
d) Moldeamiento.

43. Una de las técnicas utilizada para el desarrollo de las habilidades sociales consiste en que cuando se está practicando una determinada conducta, se informa de las partes correctas e incorrectas de la misma. ¿De qué técnica se trata?

a) Retroalimentación de la actuación o feedback.
b) Modelado.
c) Práctica de conducta.
d) Moldeamiento.

Solución al test n.º 8

1. d) 22 años.

2. b) Los apoyos.

3. a) Limitaciones en el funcionamiento intelectual y en la conducta adaptativa.

4. c) La intensidad de los apoyos necesarios.

5. c) 70.

6. d) Capacidad intelectual, conducta adaptativa y edad de comienzo.

7. a) No es capaz de realizar actividades mentales muy complejas.

8. b) Conceptuales, sociales y prácticas.

9. d) B y c son correctas.

10. a) Tienen dificultades para percibir los estímulos sociales.

11. c) Es fundamental contar con la colaboración de los familiares, pues muchas veces no son capaces de identificar los signos de enfermedad y/o de comunicarlos.

12. a) A mayor grado de discapacidad intelectual, mayor probabilidad de presentar problemas emocionales.

13. b) Es diferente al comportamiento infantil, pues han desarrollado una cierta madurez humana y social.

14. d) Su sexualidad es muy parecida a la del resto de individuos, pudiendo incluso hacer una clara elección de su pareja y mantener una relación más o menos estable.

15. c) El modo en que la sociedad reacciona ante ellos.

16. a) Sólo se conoce en el 50% de los casos.

17. b) En un ambiente demasiado protector la persona con discapacidad intelectual siempre dependerá de los demás, incluso en cosas para las que está capacitado.

18. d) Trastornos del neurodesarrollo.

19. c) Intermitente, limitados, extensos, generalizados.

20. a) Apoyos limitados.

21. d) Todas son correctas.

22. a) Establecimiento de relaciones de causa-efecto entre sus acciones y las consecuencias que éstas producen en el medio.

23. d) Práctico.

24. c) Retraso en el desarrollo psicomotor.

25. a) Deben participar desde su nacimiento en programas de estimulación infantil.

26. d) Todas son correctas.

27. c) Provoca una fuerte dependencia en el futuro de la persona con discapacidad intelectual hacia los padres y madres y viceversa.

28. c) Decidir por ellos.

29. c) Los alumnos con discapacidad intelectual no siempre tienen las habilidades de vestirse y desvestirse a la edad habitual del desarrollo, por ello es necesario ayudarle a desarrollar dichas habilidades.

30. c) Prendas de vestir que incluyan cremalleras.

31. d) En el mismo momento que tenga la habilidad motora suficiente.

32. d) Todas son correctas.

33. c) Utilizando cepillos de dientes eléctricos.

34. b) La colocación de fotos frente al lavabo y al lado del cristal pueden ser una buena ayuda para recordar la secuencia de las acciones que hay que hacer.

35. b) El niño con discapacidad intelectual puede adquirir los hábitos de alimentación siguiendo los mismos procesos que el resto de los niños, pero a una velocidad más lenta.

36. a) En el momento en que el niño pueda mantenerse sentado.

37. a) Hacia los 7 años.

38. a) Hacer del acto de comer un acto placentero.

39. b) Deben ser socialmente adaptadas.

40. b) La habilidad social debe considerarse dentro de un marco cultural determinado.

41. d) Moldeamiento.

42. b) Modelado.

43. a) Retroalimentación de la actuación o feedback.

El alumnado con necesidades educativas especiales asociadas al trastorno del espectro autista. Necesidades educativas especiales del alumnado con trastorno del espectro autista. Papel del ATE con este alumnado. Los sistemas de estructuración espaciotemporales. El alumnado con necesidades educativas especiales asociadas a graves problemas de conducta. Los problemas de comportamiento. Estrategias de intervención. El soporte contractual positivo. Procedimientos para incrementar, fortalecer, modular, reducir y/o eliminar conductos. El trabajo del ATE con este alumnado

1. La primera persona que definió al autismo como el síndrome que hoy conocemos fue:

a) Itard.
b) Kanner.
c) Rutter.
d) Piaget.

2. La edad de comienzo del autismo se sitúa:

a) Al ser una enfermedad cromosómica, se manifiesta desde el nacimiento.
b) Antes de los 3 años.
c) Al inicio de la escolarización (3-6) años.
d) En la adolescencia.

3. Señale la afirmación correcta sobre el funcionamiento intelectual de las personas con trastorno del espectro de autismo:

a) El autismo no se asocia nunca a discapacidad intelectual.
b) En un elevado número de casos el autismo se presenta junto con discapacidad intelectual.
c) La mayor parte de las personas autistas presentan altas capacidades en un área concreta, como la memoria.
d) La mayor parte de las personas autistas presentan altas capacidades en todas las áreas.

4. Una de las características del autismo según la definición de la OMS es:

a) Las respuestas a los estímulos auditivos y visuales son anormales.
b) dificultad para mantener la mirada directa a los ojos.
c) hay dificultades en la comprensión del lenguaje hablado.
d) Todas son correctas.

5. El término utilizado en el DSM 5 es:

a) Autismo.
b) Trastorno autista.
c) Trastorno del espectro autista.
d) Síndrome autista.

6. La indiferencia aparente al dolor/temperatura que presentan las personas con trastorno del espectro autista es un ejemplo de:

a) La hiporreactividad a los estímulos sensoriales.
b) La excesiva inflexibilidad de rutinas.
c) Las estereotipias.
d) Las discapacidades en la reciprocidad socioemocional.

7. Las características sociales del alumno con trastorno del espectro autista se manifiestan, principalmente por:

a) Apreciación adecuada de los estímulos socioemocionales.
b) Respuesta emocional intensa a las emociones de otras personas. Excesiva empatía.
c) Pobre uso de señales sociales.
d) Presencia de reciprocidad emocional.

8. Una de las características del lenguaje de las personas con trastorno del espectro autista es:

a) Repeticiones ecolálicas.
b) Fracaso para iniciar o mantener conversaciones.
c) Uso del "tú" en lugar del "yo".
d) Todas son correctas.

9. Entre las alteraciones cognitivas de las personas con trastorno del espectro autista podemos citar:

a) Peor ejecución en tareas cognitivas que impliquen trabajar solos sin personas.
b) Mayor dificultad para procesar estímulos espaciales que temporales.
c) Rigidez en los procesos de pensamiento.
d) Todas son correctas.

10. La ansiedad ante cambios de ambiente, que presentan los alumnos con trastorno del espectro autista es una alteración de:

a) Comunicación.
b) Cognitiva.
c) Conducta.
d) Sensorial.

11. Las intervenciones sobre niños trastorno del espectro autista no pueden tener éxito si no se cuenta con la seguridad de que las familias mantienen una estrecha colaboración, pero a veces pueden presentarse problemas como:

a) El resto de los hermanos puede sentirse desplazado.
b) Se dificulta la relación familiar normal.
c) Problemas de pareja.
d) Todas son correctas.

12. Señale la afirmación correcta sobre la Metodología Hanen:

a) Consiste en enseñar a los padres qué estrategias deben seguir para fomentar el desarrollo del lenguaje de sus hijos.
b) Está diseñado para niños especialmente entre 2 y 6 años.
c) Aunque el método ha sido adaptado a las necesidades de los niños con diferentes problemas de la comunicación y/o el lenguaje, en España el colectivo que más lo utiliza son los niños con Trastorno del Espectro Autista.
d) Todas son correctas.

13. Indique cuál de las siguientes zonas no se contempla en la organización espacial en el aula con la metodología TEACCH:

a) Zona de trabajo individual.
b) Zona de juegos.
c) Zona de socialización.
d) Zona de desayuno.

14. Una de las posibles causas de las alteraciones en la alimentación de las personas con TEA es:

a) Alteraciones sensoriales.
b) Hiperselectividad.
c) Posibles alteraciones gastrointestinales.
d) Todas son correctas.

15. Una de las pautas de actuación para la creación de hábitos alimenticios adecuados cuando el niño con TEA no quiere comer es:

a) Poner en el plato más cantidad de la que sea capaz de comer e ir disminuyéndola progresivamente.
b) No permitir que beba durante la comida para evitar las distracciones.

c) Ser sistemático y coherente.
d) Todas son correctas.

16. En el SPC, Símbolos Pictográficos para la Comunicación, las distintas categorías están asociadas a diferentes colores. Indique la asociación correcta:

a) Personas (amarillo).
b) Descriptivos (verde).
c) Sustantivos (rosa o morado).
d) Verbos (blanco).

17. Una de las medidas concretas para atender las NEE de los alumnos con trastorno del espectro autista es:

a) Crear ambientes poco estructurados.
b) Actitud no directiva por parte del educador.
c) Estos alumnos requieren pautas de aprendizaje basadas en el modelo de "aprendizaje sin error".
d) Todas son correctas.

18. El DSM 5 incluye el trastorno del espectro autista en:

a) Trastornos generalizados del desarrollo (TGD).
b) Trastornos del neurodesarrollo.
c) Trastornos disociativos.
d) Trastornos de la infancia.

19. En el Proyecto PEANA de estructuración ambiental para niños autistas, una de las claves para la estructuración espacial es:

a) Marcadores de plantas del edificio.
b) Marcadores de puertas.
c) Marcadores de mobiliario.
d) Todas son correctas.

20. Señale la afirmación correcta sobre la utilización de agendas personales por parte de los alumnos con trastorno del espectro autista:

a) La idea básica de la agenda personal no es más que un folio en el que se representan en distintas viñetas las actividades y acontecimientos que suceden a lo largo del día, mediante dibujos esquemáticos, aunque realistas, pudiendo utilizarse pictogramas o fotografías reales.
b) La agenda solamente se podrá consultar al principio del día para ver qué actividades hay que realizar y al final del día para comprobar que se han realizado.
c) La utilización de agendas personales debe limitarse al contexto escolar, pues fuera de él puede causar ansiedad y rechazo.
d) Todas son correctas.

21. Para considerar una determinada conducta como trastorno debemos tener en cuenta variables de tipo:

a) Madurativo.
b) Socioculturales.
c) Intelectuales.
d) a y b son correctas.

22. El DSM-5 incluye el Trastorno por Déficit de Atención con Hiperactividad bajo el epígrafe de:

a) Trastornos del comportamiento.
b) Trastornos del desarrollo neurológico,
c) Trastornos del espectro del autismo.
d) Trastornos escolares y del aprendizaje.

23. El niño con problemas conductuales además suele presentar:

a) Hiperactividad.
b) Deficiencias académicas.
c) Anorexia nerviosa.
d) Conductas cercanas a la delincuencia juvenil.

24. La falta de atención y la impulsividad, entre otros síntomas, caracterizan a:

a) El TDAH.
b) La falta de asertividad.
c) El mutismo selectivo.
d) La fobia social.

25. Con relación al trastorno por déficit de atención e hiperactividad es cierta la siguiente afirmación:

a) El trastorno aparece en la adolescencia.
b) La hiperactividad de debe a problemas neurológicos o a déficit sensoriales.
c) Existe una correlación positiva entre el nivel de desarrollo cognitivo y la falta de autocontrol.
d) Ninguna de las respuestas es correcta.

26. En el niño con TDAH, el déficit de atención viene determinado por:

a) Dificultad para mantener la atención de forma continuada.
b) Los procesos de atención están controlados por estrategias internas.
c) Dificultad para prestar atención a los estímulos centrales y salientes.
d) a y b son correctas.

27. Respecto a la excesiva actividad motriz del niño con TDAH podemos decir que:

a) Siempre tiene un objetivo concreto: molestar intencionadamente.

b) A pesar de que se mueven sin parar, no suelen sufrir accidentes.

c) En situaciones muy estructuradas la agitación motriz es menor.

d) A pesar de ser la característica más llamativa, no es la más definitoria del trastorno, ya que tiende a desaparecer con la edad.

28. Sobre la conducta social del niño con TDAH, es cierto que:

a) Su conducta social puede repercutir negativamente en su autoestima.

b) No buscan el contacto social, son autosuficientes socialmente hablando.

c) Aunque son capaces de interpretar correctamente las situaciones sociales, no actúan de acuerdo con ellas.

d) Por sus características suelen ser niños muy populares.

29. Para considerar la conducta agresiva como patológica, debemos tener en cuenta, entre otros factores:

a) La conducta agresiva siempre es patológica.

b) La persistencia y estabilidad de la conducta.

c) Si se trata de agresiones físicas o verbales.

d) La conducta agresiva nunca es patológica, es sólo un síntoma de que algo no marcha bien.

30. Según la finalidad podemos distinguir entre dos tipos de agresiones:

a) Agresión física y agresión verbal.

b) Agresión autolesiva y agresión social.

c) Agresión manipulativa y agresión hostil.

d) No existen distintos tipos de agresión según la finalidad, puesto que el objetivo siempre es el mismo: hacer daño al otro.

31. El estilo educativo de padres y educadores puede potenciar o prevenir la conducta agresiva. El estilo educativo que fomenta la agresividad es:

a) Estilo democrático.

b) Estilo permisivo.

c) Estilo autoritario.

d) b y c son correctas.

32. Con respecto al trastorno de conducta según el DSM 5 (antes trastorno disocial) es cierta la siguiente afirmación:

a) Está relacionado con un entorno sociocultural alto, debido a su relación con el consumo de cocaína.

b) Tiene su inicio en la infancia.

c) Se caracteriza, entre otros síntomas, por la agresión a personas y animales y la destrucción de la propiedad.
d) Todas las opciones son correctas.

33. Sobre el trastorno negativista desafiante, podemos decir que:

a) Se incluye en el DSM 5 bajo el epígrafe de trastornos destructivos, del control de los impulsos y de la conducta.
b) No existe violación de los derechos fundamentales de los demás.
c) Los niños que presentan este trastorno desafían activamente a los adultos.
d) Todas las opciones con correctas.

34. El mutismo selectivo se caracteriza por:

a) Incapacidad para hablar en determinadas situaciones sociales definidas y previsibles.
b) Alteración de la capacidad expresiva del lenguaje.
c) Alteración de la capacidad comprensiva del lenguaje.
d) Todas las opciones son correctas.

35. La habilidad social para expresar y mantener la propia opinión frente a los demás se denomina:

a) Afectividad.
b) Asertividad.
c) Efectividad social.
d) Inhibición social.

36. La fobia escolar se caracteriza por:

a) Rechazo al profesor.
b) Rechazo a asistir al colegio.
c) Rechazo a los compañeros.
d) Rechazo a las tareas escolares.

37. El motivo más grave por el que puede mentir un niño es:

a) Falta de capacidad para distinguir lo real de lo imaginario.
b) Evitación de un castigo por una mala conducta.
c) Llamada de atención a los adultos por pensar que no son tomados en cuenta.
d) Encubrimiento de algún compañero.

38. Cuando un niño realiza un pequeño hurto por primera vez, nuestra actuación debe ser:

a) Ignorar la conducta: sólo actuaremos si se hace persistente.
b) Pondremos un castigo ejemplar para que no vuelva a cometer tal maldad.

c) Intentaremos que repare el daño y pida disculpas.

d) Si el niño es mayor de 10 años, pondremos una denuncia.

39. El niño empieza a tener conciencia de que al robar está haciendo algo indebido a la edad aproximada de:

a) 4 años.

b) 6 años.

c) 10 años.

d) 16 años.

40. Para que el alumno adquiera habilidades y conductas adaptadas es fundamental:

a) El uso del castigo.

b) La colaboración entre escuela y familia.

c) Proporcionar modelos conductuales adecuados.

d) b y c son correctas.

41. El vacío conductual se refiere:

a) Al tiempo libre que tiene el alumno en el centro escolar.

b) Al eliminar una conducta disruptiva, si no proporcionamos respuestas alternativas, el alumno no sabe qué hacer cuando se vuelva a dar la misma situación.

c) A la falta de comportamientos disruptivos, por lo tanto el estado deseable del alumnado.

d) A la falta de recursos del profesor para controlar la conducta.

42. Respecto al uso del castigo podemos decir que:

a) Si se usa con demasiada frecuencia deja de ser eficaz.

b) Para controlar la conducta casi siempre basta con la amenaza del castigo, aunque luego no se cumpla.

c) Cuando el niño se comporta mal en clase, se debe llamar a los padres para que sea castigado en casa.

d) a y b con correctas.

43. Las conductas problemáticas, tal como las entendemos en el marco de la discapacidad intelectual:

a) Tienen un carácter funcional.

b) Son desadaptativas.

c) Suelen ser inestables y poco frecuentes.

d) Todas son correctas.

44. La conducta problemática se caracteriza entre otros aspectos por:

a) Afectar negativamente a la persona que las emite, pero positivamente a las personas que conviven con ella.
b) Para considerar una conducta como problemática sólo tendremos en cuenta a la conducta emitida en sí misma.
c) Derivarse de ella determinadas consecuencias a largo plazo como puede ser el riesgo de sufrir malos tratos o abusos en contextos institucionales o familiares.
d) Mejorar la calidad de vida de la persona que la emite.

45. Una de las características del apoyo conductual positivo es:

a) Es global e incluye intervenciones múltiples.
b) Enseña habilidades alternativas y adapta el ambiente
c) Se diseña para ser aplicado en contextos de la v da diaria.
d) Todas son correctas.

46. El apoyo conductual positivo:

a) Requiere centrarnos en una conducta concreta, que se emita ante una situación determinada, en un momento concreto.
b) Requiere reestructurar la vida cotidiana del sujeto con discapacidad, siempre de acuerdo con sus intereses y aspiraciones y ofreciéndole oportunidades múltiples de elección.
c) No permite aplicar de forma simultánea diversas estrategias y procedimientos de intervención.
d) Todas son correctas.

47. Dos puntos fundamentales del apoyo conductual positivo son:

a) La utilización de técnicas aversivas y el castigo moderado.
b) La enseñanza de habilidades alternativas y la adaptación del ambiente.
c) El refuerzo positivo y el castigo positivo.
d) La enseñanza de habilidades sociales y el castigo negativo.

48. Una de las características del apoyo conductual positivo es que refleja los valores de la persona, respeta su dignidad y sus preferencias, y trata de mejorar su estilo de vida. Esto implica que:

a) Aceptemos un comportamiento problemático.
b) No se aceptan los propósitos que manifiestan mediante la conducta problemática.
c) La estrategia básica de intervención sean los procedimientos aversivos.
d) Las consecuencias de la conducta problemática serán siempre naturales y ajustadas a la edad del individuo, debiendo primar siempre el respeto a la persona.

49. Tres son los objetivos principales de los planes de apoyo. Señala el incorrecto:

a) Incrementar la frecuencia de la conducta alternativa.
b) Mejorar la convivencia en el centro.
c) El descenso de la frecuencia de la conducta problemática.
d) Mejorar la calidad de vida de la persona.

50. Los principios que han de orientar la intervención en la conducta problemática de las personas con discapacidad son cuatro. Señala el incorrecto:

a) La conducta problemática tiene una función para la persona.
b) La conducta problemática está relacionada con el tipo de discapacidad que presenta la persona y grado de la misma.
c) Una intervención eficaz debe basarse en la comprensión de la persona, su contexto social y la función de la conducta.
d) La intervención debe basarse en los valores de la persona, el respeto a la dignidad, sus preferencias y sus aspiraciones.

51. Una persona con discapacidad intelectual que se comporta de manera problemática lo hace porque:

a) Es una de las manifestaciones de la discapacidad.
b) Se siente bien molestando a los demás.
c) No conoce otra forma de comportarse ante un determinado suceso.
d) Es uno de los síntomas de la discapacidad intelectual.

52. La conducta problemática está relacionada con el contexto porque:

a) Cuando ocurren, son indicio de que algo en el ambiente no se adapta a las necesidades de la persona.
b) Solo ocurre en contextos institucionales como centros residenciales.
c) Solo ocurre cuando la persona con discapacidad no es tratada con respeto por parte del personal de apoyo.
d) La conducta problemática no está relacionada con el contexto, ya que puede aparecer en cualquier situación, depende únicamente de la persona con discapacidad y su estado emocional.

53. El proceso de apoyo conductual positivo se desarrolla a lo largo de:

a) Tres fases.
b) Cuatro fases.
c) Cinco fases.
d) Seis fases.

54. Según la Escala ICAP, la conducta de abrazarse en exceso a otros se clasifica como:

a) Heteroagresividad o daño a otros.
b) Conducta disruptiva.
c) Hábitos atípicos o repetitivos (estereotipias).
d) Conducta social ofensiva.

55. Conductas como tocarse los genitales u orinar en lugares no apropiados se clasifican en la Escala ICAP como:

a) Heteroagresividad o daño a otros.
b) Conducta disruptiva.
c) Hábitos atípicos o repetitivos (estereotipias).
d) Conducta social ofensiva.

56. El primer paso en la evaluación funcional de la conducta es recoger información general de la persona. Esta información se recoge mediante:

a) Entrevistas a profesionales, familiares y usuarios.
b) Revisión de planes de trabajo con la persona.
c) Instrumentos estandarizados: test y cuestionarios de conducta.
d) Todas son correctas.

57. En el proceso de evaluación funcional de la conducta son importantes las hipótesis funcionales, que se refieren a:

a) Las razones del comportamiento problemático de la persona con discapacidad.
b) La clasificación de la conducta en la Escala ICAP.
c) La valoración de cómo influye el tipo de discapacidad en la emisión de la conducta.
d) El análisis de cómo se desarrollaría el problema en caso de no intervenir, para valorar si la intervención es o no necesaria.

58. Para que los planes de apoyo conductual positivo sean eficaces deben reunir varias características. Señala la incorrecta:

a) Basarse en una evaluación funcional.
b) Centrarse en una única intervención.
c) Ser aplicables en entornos habituales.
d) Articularse en el marco de la Planificación Centrada en la Persona.

59. Todo plan de apoyo conductual positivo consta de cuatro componentes que:

a) Son independientes, por lo que están pensados para ser aplicados por separado.
b) Se aplican de forma secuencial siempre en el mismo orden, para que sean efectivos.

c) Se deben considerar en la intervención de forma simultánea.

d) Se aplican de forma secuencial siempre en el mismo orden, pero no son cuatro componentes, sino cinco.

60. Uno de los componentes del plan de apoyo positivo es la modificación de los factores del entorno. La intervención sobre los estímulos antecedentes:

a) Es un ejemplo de estrategia reactiva.

b) Tiene como una de sus principales ventajas la rapidez: puede reducir inmediatamente la conducta problemática.

c) El principal inconveniente es que no permite una intervención de carácter preventivo.

d) Produce cambios eficaces a largo plazo.

61. La enseñanza de habilidades alternativas en sentido estricto consiste en:

a) Enseñar a la persona a utilizar conductas apropiadas que le sirvan para la misma función que su conducta problemática.

b) Desarrollar competencias que permitan prevenir las situaciones que suelen desencadenar la conducta problemática y, si es el caso, afrontar tales situaciones sin tener que recurrir a dichas conductas.

c) Enseñar a las personas a afrontar o tolerar las situaciones difíciles.

d) Todas son correctas.

62. Utilizar técnicas de sensibilización para enseñar a la persona a aceptar exámenes médicos, enseñarle a relajarse en situaciones estresantes, enseñarle habilidades de resolución de conflictos o enseñarle a controlar sus episodios de enfado. Son ejemplos de:

a) Enseñanza de habilidades alternativas en sentido estricto.

b) Enseñanza de habilidades generales.

c) Enseñanza de habilidades de afrontamiento o tolerancia.

d) Enseñanza de habilidades sociales.

63. A la hora de enseñar habilidades alternativas en cualquiera de sus modalidades debemos tener en cuenta:

a) Nos aseguraremos de que las habilidades alternativas en sentido estricto sirvan para una función diferente a la de la conducta problemática.

b) Debemos seleccionar habilidades que tengan cierto grado de dificultad. Si resultan relativamente fáciles para la persona con discapacidad, pueden no ser motivantes y no captar su atención.

c) Se deben enseñar, en primer lugar, las habilidades que produzcan efectos a largo plazo y no efectos inmediatos.

d) Siempre enseñaremos antes de que ocurra la conducta problemática.

64. Señala la afirmación correcta sobre las estrategias de manejo de crisis:

a) Se utilizan como procedimiento de emergencia.
b) Cumplen una función de enseñanza en el marco del plan de Apoyo Conductual Positivo.
c) Constituyen la principal medida de prevención de la conducta problemática.
d) Todas son correctas.

65. En el apoyo conductual positivo las intervenciones sobre el estilo de vida tienen la finalidad de:

a) Reforzar a la persona cuando recurre a habilidades alternativas.
b) Reducir la eficacia de las conductas problemáticas.
c) Prevenir a largo plazo las conductas problemáticas a través de la mejora general de su calidad de vida.
d) Se utilizan como medida de protección cuando otras estrategias integradas en el plan de apoyo conductual han fallado en la prevención de la aparición de conductas peligrosas.

66. ¿Qué tipo de intervención permiten ofrecer a la persona con discapacidad un apoyo continuo y a largo plazo?

a) Modificación de los factores del entorno (antecedentes).
b) Enseñanza de habilidades alternativas.
c) Intervenciones Basadas en las Consecuencias.
d) Intervenciones Sobre el Estilo de Vida.

67. La última fase del proceso de apoyo conductual positivo es el seguimiento del plan de apoyo. Uno de los principales aspectos que se valoran en el seguimiento es:

a) Si la persona ha aprendido habilidades nuevas.
b) Si la frecuencia de la conducta problemática ha descendido a niveles tolerables.
c) Si ha mejorado la calidad de vida tanto de la persona como de la familia.
d) Todas son correctas.

68. Puede ocurrir que el grupo de seguimiento detecte que no hemos conseguido los objetivos previstos. En este caso es fundamental indagar las causas de la falta de éxito, para poder poner una solución. La mayoría de las veces el fracaso se debe a:

a) Una evaluación funcional incompleta en la que faltan elementos clave para comprender la conducta.
b) Una falta de visión compartida, lo que hace que los miembros del grupo no trabajen como un equipo que comparta todos sus conocimientos e informaciones.
c) a) y b) son correctas.
d) El apoyo conductual positivo siempre tiene éxito, por eso se utiliza en la atención a las personas con discapacidad.

69. La modificación de conducta se basa en los conocimientos de:

a) La psicología experimental.
b) La psicología animal.
c) La psicología evolutiva.
d) La psicopatología.

70. Las investigaciones de Thorndike, que más tarde fueron desarrolladas por Skinner, dieron lugar, dentro de la modificación de conducta al:

a) Enfoque operante.
b) Enfoque basado en el condicionamiento clásico.
c) Enfoque basado en el aprendizaje social.
d) Enfoque cognitivo-conductual.

71. El autor más relevante del enfoque basado en el aprendizaje social es:

a) Wolpe.
b) Hull.
c) Bandura.
d) Meichenbaum.

72. Las técnicas de relajación, exposición e inundación derivan de:

a) El enfoque operante.
b) Condicionamiento clásico.
c) Aprendizaje social.
d) Enfoque cognitivo conductual.

73. En el ámbito educativo, las técnicas de modificación de conducta más utilizadas son las basadas en:

a) Condicionamiento operante.
b) Condicionamiento clásico.
c) Aprendizaje social.
d) Enfoque cognitivo conductual.

74. El objetivo fundamental de las técnicas de modificación de conducta es:

a) Suprimir la conducta problemática.
b) Potenciar la conducta adaptada.
c) El aprendizaje de habilidades sociales.
d) a y b son correctas.

75. El instrumento que nos permite comparar la conducta antes y después de la aplicación de la técnica es:

a) El análisis conductual.
b) La generalización.
c) La línea base.
d) El análisis de las respuestas.

76. El análisis funcional consiste en:

a) Identificar los estímulos antecedentes y consecuentes de la conducta desadaptada.
b) Detectar el funcionamiento erróneo del organismo que emite la conducta.
c) Analizar la personalidad del alumno disruptivo.
d) Medir la frecuencia de las respuestas para elaborar una línea base.

77. Las respuestas se dan en tres sistemas diferentes: motor, fisiológico y cognitivo. Con respecto a las respuestas motoras podemos decir que:

a) Se denominan también internas porque no son observables.
b) Se refieren a los actos motores.
c) No incluyen las conductas verbales.
d) a, b y c son correctas.

78. Al hablar de estímulos consecuentes nos referimos a:

a) Los estímulos que preceden a una determinada conducta.
b) Cualquier estímulo que siga a la conducta.
c) Un acontecimiento que tiene lugar después de que ocurra la conducta y que hace que ésta se mantenga.
d) El castigo consecuente con una conducta disruptiva.

79. Un reforzador positivo es:

a) Un estímulo cuya presencia fortalece la respuesta.
b) Un estímulo cuya ausencia fortalece la respuesta.
c) Un estímulo cuya presencia o ausencia debilita la respuesta.
d) Un estímulo antecedente que favorece la emisión de la respuesta.

80. La mayor parte del comportamiento adulto está controlado por reforzadores:

a) Primarios.
b) Secundarios.
c) Generalizados.
d) Intrínsecos.

81. Al comenzar un programa de refuerzo positivo es conveniente usar reforzadores:

a) Primarios.
b) Materiales.
c) Sociales.
d) Intrínsecos.

82. Los programas de refuerzo positivo más efectivos en cuanto a resistencia a la extinción son:

a) Todos tienen la misma efectividad, la elección de uno u otro depende de la situación y los recursos con los que contamos.
b) Los programas de reforzamiento continuo.
c) Los programas de reforzamiento intermitentes fijos.
d) Los programas de reforzamiento intermitente variables.

83. El refuerzo negativo se utiliza para:

a) Aumentar la probabilidad de que ocurra una conducta.
b) Disminuir la probabilidad de que ocurra una conducta.
c) Castigar las conductas inadecuadas.
d) Disminuir la probabilidad de que ocurra una conducta en un grupo, como puede ser la clase.

84. El castigo negativo consiste en:

a) Aplicación de un reforzador positivo.
b) Aplicación de un reforzador negativo.
c) Retirada de un reforzador positivo.
d) Retirada de un reforzador negativo.

85. Respecto al uso del castigo como método para modificar la conducta podemos decir que:

a) Es más efectivo cuando el castigo se aplica inmediatamente después de la emisión de la conducta.
b) Al igual que en la técnica del refuerzo, pueden aplicarse programas continuos o intermitentes.
c) El castigo positivo plantea menos consideraciones morales que el negativo.
d) Todas las respuestas son correctas.

86. Sobre el aislamiento podemos decir que es cierta la siguiente afirmación:

a) Es una modalidad especial de castigo negativo.
b) Es una técnica que se emplea para eliminar conductas no deseadas.
c) También recibe el nombre de tiempo fuera.
d) Todas las respuestas son correctas.

87. Para que la técnica de aislamiento sea efectiva debemos tener en cuenta que:

a) La técnica del aislamiento por sí sola es efectiva, no necesita combinarse con otras.
b) El pasillo no es un buen lugar para sacar al niño de clase.
c) Cuanto más tiempo esté aislado el alumno, mayor efectividad, aunque no debe sobrepasar los 60 minutos.
d) Es una técnica muy utilizada por su simplicidad. No necesita la colaboración de la familia ni de otros profesores.

88. La economía de fichas es una combinación de:

a) Refuerzo negativo y castigo positivo.
b) Refuerzo negativo y castigo negativo.
c) Refuerzo positivo y castigo negativo.
d) Refuerzo positivo y castigo positivo.

89. La técnica de economía de fichas ha dado muy buenos resultados:

a) En el control de comportamientos disruptivos.
b) En el incremento del rendimiento académico.
c) En el aprendizaje de las matemáticas.
d) a y b son correctas.

90. La técnica de la extinción consiste en:

a) Aplicar reforzadores negativos para que la conducta no deseada desaparezca.
b) Ignorar la conducta disruptiva para que deje de producirse.
c) Aplicar programas de refuerzo positivo intermitentes para que la conducta llegue a extinguirse.
d) La retirada de consecuencias agradables para que deje de emitir la conducta no deseada.

91. La técnica del modelamiento también recibe el nombre de:

a) Aprendizaje observacional.
b) Imitación.
c) Aprendizaje vicario.
d) Todas las opciones son ciertas.

92. Entre las variables que favorecen el aprendizaje de la conducta en el modelado podemos citar:

a) La diferencia de edad entre el modelo y el observador. Para un niño el mejor modelo es un adulto.
b) El uso de un solo modelo.
c) Comenzar por las conductas más complejas y dejar las más fáciles para el final.
d) El estado de relajación favorece el proceso de modelado.

Solución al test n.º 9

1. b) Kanner.

2. b) Antes de los 3 años.

3. b) En un elevado número de casos el autismo se presenta junto con discapacidad intelectual.

4. d) Todas son correctas.

5. c) Trastorno del espectro autista.

6. a) La hiporreactividad a los estímulos sensoriales.

7. c) Pobre uso de señales sociales.

8. d) Todas son correctas.

9. c) Rigidez en los procesos de pensamiento.

10. c) Conducta.

11. d) Todas son correctas.

12. d) Todas son correctas.

13. c) Zona de socialización.

14. d) Todas son correctas.

15. c) Ser sistemático y coherente.

16. a) Personas (amarillo).

17. c) Estos alumnos requieren pautas de aprendizaje basadas en el modelo de "aprendizaje sin error".

18. b) Trastornos del neurodesarrollo.

19. d) Todas son correctas.

20. a) La idea básica de la agenda personal no es más que un folio en el que se representan en distintas viñetas las actividades y acontecimientos que suceden a lo largo del día, mediante dibujos esquemáticos, aunque realistas, pudiendo utilizarse pictogramas o fotografías reales.

21. d) a y b son correctas.

22. b) Trastornos del desarrollo neurológico.

23. b) Deficiencias académicas.

24. a) El TDAH.

25. d) Ninguna de las respuestas es correcta.

26. a) Dificultad para mantener la atención de forma continuada.

27. d) A pesar de ser la característica más llamativa, no es la más definitoria del trastorno, ya que tiende a desaparecer con la edad.

28. a) Su conducta social puede repercutir negativamente en su autoestima.

29. b) La persistencia y estabilidad de la conducta.

30. c) Agresión manipulativa y agresión hostil.

31. d) b y c son correctas.

32. c) Se caracteriza, entre otros síntomas, por la agresión a personas y animales y la destrucción de la propiedad.

33. d) Todas las opciones con correctas.

34. a) Incapacidad para hablar en determinadas situaciones sociales definidas y previsibles.

35. b) Asertividad.

36. b) Rechazo a asistir al colegio.

37. a) Falta de capacidad para distinguir lo real de lo imaginario.

38. c) Intentaremos que repare el daño y pida disculpas.

39. b) 6 años.

40. d) b y c son correctas.

41. b) Al eliminar una conducta disruptiva, si no proporcionamos respuestas alternativas, el alumno no sabe qué hacer cuando se vuelva a dar la misma situación.

42. a) Si se usa con demasiada frecuencia deja de ser eficaz.

43. a) Tienen un carácter funcional.

44. c) Derivarse de ella determinadas consecuencias a largo plazo como puede ser el riesgo de sufrir malos tratos o abusos en contextos institucionales o familiares.

45. d) Todas son correctas.

46. b) Requiere reestructurar la vida cotidiana del sujeto con discapacidad, siempre de acuerdo con sus intereses y aspiraciones y ofreciéndole oportunidades múltiples de elección.

47. b) La enseñanza de habilidades alternativas y la adaptación del ambiente.

48. d) Las consecuencias de la conducta problemática serán siempre naturales y ajustadas a la edad del individuo, debiendo primar siempre el respeto a la persona.

49. b) Mejorar la convivencia en el centro.

50. b) La conducta problemática está relacionada con el tipo de discapacidad que presenta la persona y grado de la misma.

51. c) No conoce otra forma de comportarse ante un determinado suceso.

52. a) Cuando ocurren, son indicio de que algo en el ambiente no se adapta a las necesidades de la persona.

53. d) Seis fases.

54. b) Conducta disruptiva.

55. d) Conducta social ofensiva.

56. d) Todas son correctas.

57. a) Las razones del comportamiento problemático de la persona con discapacidad.

58. b) Centrarse en una única intervención.

59. c) Se deben considerar en la intervención de forma simultánea.

60. b) Tiene como una de sus principales ventajas la rapidez: puede reducir inmediatamente la conducta problemática.

61. a) Enseñar a la persona a utilizar conductas apropiadas que le sirvan para la misma función que su conducta problemática.

62. c) Enseñanza de habilidades de afrontamiento o tolerancia.

63. d) Siempre enseñaremos antes de que ocurra la conducta problemática.

64. a) Se utilizan como procedimiento de emergencia.

65. c) Prevenir a largo plazo las conductas problemáticas a través de la mejora general de su calidad de vida.

66. d) Intervenciones Sobre el Estilo de Vida.

67. d) Todas son correctas.

68. c) a) y b) son correctas.

69. a) La psicología experimental.

70. a) Enfoque operante.

71. c) Bandura.

72. b) Condicionamiento clásico.

73. a) Condicionamiento operante.

74. d) a y b son correctas.

75. c) La línea base.

76. a) Identificar los estímulos antecedentes y consecuentes de la conducta desadaptada.

77. b) Se refieren a los actos motores.

78. c) Un acontecimiento que tiene lugar después de que ocurra la conducta y que hace que ésta se mantenga.

79. a) Un estímulo cuya presencia fortalece la respuesta.

80. d) Intrínsecos.

81. b) Materiales.

82. d) Los programas de reforzamiento intermitente variables.

83. a) Aumentar la probabilidad de que ocurra una conducta.

84. c) Retirada de un reforzador positivo.

85. a) Es más efectivo cuando el castigo se aplica inmediatamente después de la emisión de la conducta.

86. d) Todas las respuestas son correctas.

87. b) El pasillo no es un buen lugar para sacar al niño de clase.

88. c) Refuerzo positivo y castigo negativo.

89. d) a y b son correctas.

90. b) Ignorar la conducta disruptiva para que deje de producirse.

91. d) Todas las opciones son ciertas.

92. d) El estado de relajación favorece el proceso de modelado.

El trabajo del ATE en la alimentación: deglución y hábitos de alimentación saludable. Los soportes a la alimentación. Creación de técnicas para control de esfínteres. Trastornos del control de esfínteres. Programas de control de esfínteres. El cambio de pañal. Estrategias metodológicas para la consecución de hábitos. Programas de habilidades de autonomía personal. Creación de técnicas para conseguir los hábitos de alimentación, higiene, aseo personal y vestimenta

1. Indica cuál de las siguientes afirmaciones es falsa:

a) Quien sufre disfagia puede presentar ciertos signos que pueden ayudar a identificarla: tos/carraspeo persistente durante o después de las comidas, atragantamientos frecuentes, babeo frecuente, necesidad de tragar varias veces para poder tomar una misma cucharada, mantener la comida en los carrillos, comer excesivamente despacio y rechazar alimentos por miedo a atragantarse.

b) Las alteraciones o dificultades para la deglución reciben el nombre de disfagia.

c) En caso de disfagia es recomendable incluir diferentes consistencias en el mismo plato difíciles de tragar como el arroz caldoso o la sopa de fideos.

d) En caso de disfagia hay que evitar los alimentos que desprendan agua al masticar como las frutas (naranja, mandarina, pera…) ya que hay riesgo de aspiración.

2. Indica cuál de las siguientes afirmaciones es falsa:

a) En ocasiones es necesario el uso ayudas técnicas para que la propia persona con algunos problemas motores, musculares o neurológicos pueda alimentarse por sí misma o para facilitar la tarea de alimentarse.

b) Entre las recomendaciones para estimular el Sistema Nervioso Central antes de comer se encuentra la de ejercer una presión moderada en el dorso de la lengua con la cuchara.

c) En todas las actividades que el auxiliar técnico educativo realice debe asegurar la participación activa y el protagonismo de todos los pequeños para que aprendan a sentirse implicados con el cuidado de su propia salud.

d) Algunas recomendaciones posturales para facilitar la deglución está el colocar espalda recta en posición vertical en ángulo de 20 a 30 con los pies apoyados en el suelo y la cabeza alineada al tronco.

3. ¿A qué edad el niño es capaz de avisar sobre su deseo de orinar dando ya tiempo a llevarlo al baño?

a) Alrededor de los 15 meses.
b) Alrededor de los 18 meses.
c) Entre el segundo y tercer año de vida.
d) A partir del tercer año.

4. En relación con la adquisición del hábito de control de esfínteres no es cierto que:

a) La edad de inicio de control de esfínter vesical y anal varía de un niño a otro, pero en términos generales va de los 18 a los 24 meses.
b) Favorecer un horario es una medida que ayuda al hábito.
c) Sobre los 3 años se inicia el control: primero de día, y algo más tarde de noche.
d) Alrededor de los 4 años debe haberse logrado.

5. El trastorno que consiste en la pérdida involuntaria de orina, en ausencia de un problema orgánico, más allá de la edad en que se consigue el control vesical se denomina:

a) Encopresis.
b) Enuresis.
c) Incontinencia.
d) Micción involuntaria.

6. Uno de los factores que predisponen al niño a padecer enuresis es:

a) Cambios emocionales (factor psicológico relacionado con situaciones críticas).
b) El factor hereditario.
c) Un ciclo de sueño muy profundo.
d) Todas son correctas.

7. El tratamiento pasivo de la enuresis consiste en:

a) La administración de una medicación apropiada que permita, entre otras repuestas, la dilatación de la vejiga.
b) La práctica de una serie de técnicas orientadas a desarrollar el control vesical.
c) El uso de pequeños dispositivos de alarma que se activan al contacto con la humedad, despertando al niño y deteniendo la micción.
d) Esperar lo suficiente sin intervenir hasta que la irregularidad se normalice. Esto debe ocurrir siempre antes de la adolescencia.

8. La etiología de la encopresis está relacionada con:

a) Problemas disociales.
b) El estreñimiento del niño.
c) Una enseñanza no adecuada del control de esfínteres.
d) Todas son correctas.

9. Respecto al control de esfínteres:

a) Se impulsará el uso de recompensas o premios.
b) No se le dejará en ridículo.
c) Es una labor de equipo.
d) Todos los anteriores.

10. Las recompensas que se darán cuando consigue metas en el control de esfínteres serán:

a) Dinero.
b) Viajes
c) Aprobación familiar y social.
d) Poco útiles.

11. El control de esfínteres mediante intervenciones psicopedagógicas puede hacerse en:

a) Incontinentes de causa orgánica.
b) Discapacidades severas.
c) Incontinentes de causa no orgánica y discapacidades leves.
d) Todos los alumnos con discapacidad.

12. Para el aprendizaje del control de esfínteres, el Auxiliar Técnico Educativo:

a) Llevará al niño cada cierto tiempo al baño.
b) Apuntará en una hoja de registro los adelantos del niño.
c) Cooperará con el resto de personal educador.
d) Todas son correctas.

13. El registro de diuresis y defecación deberá cubrirlo:

a) El Auxiliar Técnico Educativo.
b) Los padres.
c) El tutor.
d) a) y b) son correctas.

14. El Auxiliar Técnico Educativo deberá revisar actividades asociadas al control de esfínteres, como:

a) Uso de papel higiénico.
b) Tirar de la cisterna.
c) Higiene de manos.
d) Todas las anteriores.

15. La encopresis es:

a) Una forma de enuresis.
b) El estreñimiento propio de los alumnos con discapacidad.
c) La presencia de hemorragias nasales.
d) La incontinencia fecal.

16. El aprendizaje de la continencia fecal:

a) Es labor del profesor tutor únicamente.
b) Se hace después del control de la orina.
c) Los padres no intervienen.
d) Se hará a la vez que el de la micción.

17. Uno de los criterios según la OMS para considerar que un niño tiene encopresis es:

a) Debe haber superado los 3 años de edad o un nivel de desarrollo equivalente.
b) La incontinencia no debe ser únicamente consecuencia del efecto ocasionado por la ingestión de ciertas sustancias (laxantes) o por la presencia de una enfermedad médica.
c) El problema debe suceder como mínimo una vez a la semana durante un periodo continuado de seis meses.
d) Todas son correctas.

18. ¿Cuál de los siguientes no es un tipo de pañal?

a) Rectangular.
b) Stanford.
c) Anatómico.
d) Anatómico con elásticos.

19. ¿Cuál de los siguientes pañales no necesita sujetarse mediante braga de malla elástica lavable y transpirable?

a) Rectangular.
b) Stanford.
c) Anatómico.
d) Anatómico con elásticos.

20. ¿Cuál de los siguientes consejos para el cambio de pañal es adecuado?

a) Retirar el pañal por la parte de delante del cuerpo del usuario.
b) Colocar el pañal por la parte posterior del cuerpo.
c) Comprobar que las costuras de las mallas que sujetan el pañal estén hacia fuera.
d) Todas son correctas.

21. Señala la afirmación correcta sobre la colocación del pañal:

a) Todos los tipos de pañales de colocan utilizando la misma técnica.
b) Existen diferentes técnicas de colocación del pañal según la postura del paciente.
c) Existen diferentes técnicas de colocación del pañal según el sistema de sujeción.
d) Existen diferentes técnicas de colocación del pañal según la postura del paciente y el sistema de sujeción.

22. ¿Cómo se puede prevenir la formación de úlceras en el sacro, nalgas y órganos genitales en los usuarios de pañal?

a) No se pueden prevenir, solo se pueden tratar cuando ya han aparecido.
b) Hidratando bien la piel diariamente, mediante cremas protectoras.
c) Reduciendo el aporte de líquidos para reducir la cantidad de orina.
d) b y c son correctas.

23. La Ley 39/2006, de 14 de diciembre, de Promoción de la Autonomía Personal y Atención a las personas en situación de dependencia considera como Actividad Básica de la Vida Diaria (ABVD):

a) El cuidado personal.
b) La movilidad esencial.
c) Ejecutar órdenes o tareas sencillas.
d) Todas las respuestas anteriores son correctas.

24. Una persona que requiere ayuda para realizar varias actividades básicas de la vida diaria dos o tres veces al día, pero no necesita la presencia permanente de un cuidador o tiene necesidades de apoyo extenso para su autonomía personal tiene un grado de dependencia:

a) Según los parámetros especificados en la legislación vigente no se considera dependencia.
b) Grado I. Dependencia moderada.
c) Grado II. Dependencia severa.
d) Grado III. Gran dependencia.

25. Uno de los aspectos a tener en cuenta en la realización y aplicación de un programa de habilidades de autonomía personal es:

a) El educador debe tener un conocimiento exacto de las habilidades y capacidades de cada alumno.
b) Debemos partir de las capacidades que tiene el alumno.

c) A la hora de programar las actividades y aprendizajes debe primar como objetivo principal conseguir la autonomía plena del niño o el grado más alto posible.

d) Todas las respuestas anteriores son correctas.

26. Para poder llevar a cabo un programa específico destinado a conseguir una mayor independencia, el Auxiliar Técnico Educativo:

a) Debe plantearse los objetivos partiendo de las capacidades que tiene el niño.

b) Fijará unos objetivos comunes según la edad cronológica del niño.

c) Debe realizar las tareas que el niño no sepa hacer. Es más rápido que ayudarlo.

d) Las respuestas b) y c) son correctas.

27. Para el aprendizaje del uso de los cubiertos (cuchara, tenedor):

a) Usaremos alimentos líquidos.

b) Los padres y los Auxiliares Técnicos Educativos son los encargados.

c) Se comenzará con alimentos sólidos.

d) Las respuestas b) y c) son correctas.

28. Para iniciar al niño en el uso del cuchillo, el Auxiliar Técnico Educativo:

a) Se colocará por delante del niño.

b) Se coloca detrás del niño, y le coge las manos, indicándole verbalmente lo que tiene que ir haciendo. Después le cogerá por las muñecas y, finalmente, por los codos.

c) Pondrá al niño lo más cómodo posible, en general recostado.

d) Deberá usar refuerzos negativos.

29. El aprendizaje para el uso de las bebidas se caracteriza por:

a) Uso de vasos con agarraderas.

b) El vaso debe estar lleno hasta arriba de agua.

c) El Auxiliar Técnico Educativo guiará al niño situándose delante de él.

d) Todas las respuestas anteriores son correctas.

30. Cuando se habla de apoyos instrumentales para la alimentación, nos referimos a:

a) Adaptación realizada en mesas y cubiertos para favorecer la autonomía personal en la alimentación.

b) Cuando es necesario que los niños coman en la silla de ruedas.

c) Cuando es preciso cambiar el tipo de comidas.

d) Las mesas que tienen paralelas de apoyo.

31. Los apoyos instrumentales para la alimentación afectarán a:

a) Mesas y sillas.

b) Cubiertos.

c) Vasos.
d) Todos los anteriores.

32. Dentro de los hábitos de higiene personal se incluyen también:

a) Limpieza de oídos y fosas nasales.
b) Limpieza de dientes.
c) Limpieza de uñas.
d) Todas las respuestas anteriores son correctas.

33. Una forma de que el niño con discapacidad tenga interés en el baño es mediante:

a) Música ambiental.
b) Castigo corporal.
c) Juegos en el agua.
d) Prácticas de buceo.

34. Para facilitar la autonomía en la limpieza de manos y cara:

a) Es importante que el lavabo esté a la altura adecuada, y la toalla cerca del niño.
b) Debemos contar con un espejo delante del niño para que pueda verse la cara cuando esté lavándose.
c) El jabón que se debe utilizar no ha de molestar a los ojos y será neutro.
d) Todas las respuestas anteriores son correctas.

35. De las siguientes actividades, la que más tardíamente se adquiere es la de:

a) Limpieza de dientes.
b) Limpieza de fosas nasales.
c) Limpieza de uñas.
d) Baño.

36. En la creación de hábitos para vestirse debemos tener en cuenta que:

a) Iremos de lo más fácil a lo más difícil.
b) La ropa debe abrirse por la parte trasera.
c) Es preferible usar calzado muy ajustado para que no se salga al andar.
d) Todas son correctas.

37. A la hora de vestir a un niño con parálisis cerebral debemos tener en cuenta:

a) La mayoría de ropa que se encuentra en el mercado no son apropiadas para niños con discapacidad motora.
b) En los primeros meses no existen diferencias considerables, pero a partir de los 8 o 9 meses, las características del bebé con parálisis cerebral (rigidez, espasmos musculares o movimientos incontrolados), hacen que la tarea de vestirlo resulte más compleja.

c) Es conveniente empezar a vestirlo por el brazo o la pierna menos afectados.

d) Para ponerle calcetines o zapatos debemos procurar que el niño no tenga las piernas dobladas.

38. ¿En cuál de estas actividades de autonomía personal, el Auxiliar Técnico Educativo no juega un papel importante?

a) Vestirse.
b) Alimentarse.
c) Lavarse.
d) Corregir trastornos de lectura.

39. Una conducta que se realiza de forma continua sin que exista un control externo (premios o castigos) se denomina:

a) Habilidad.
b) Rutina.
c) Hábito.
d) Actitud.

40. Las capacidades físicas, cognitivas o motrices que la persona necesita para realizar una conducta con éxito se denominan:

a) Habilidades.
b) Rutinas.
c) Hábitos.
d) Actitudes.

41. La principal forma de adquisición de los hábitos es:

a) La imitación.
b) El desarrollo madurativo.
c) La descripción verbal de los pasos a seguir.
d) El refuerza combinado con el castigo cuando sea necesario.

42. Como consejo metodológico a la hora de desarrollar hábitos en el alumno debemos tener en cuenta:

a) Partir de la capacidad y habilidades que tiene el niño.
b) El modelado será más efectivo cuanto menor sea la conexión afectiva entre el niño y el adulto.
c) El adulto debe mostrarse autoritario para un mejor aprendizaje de hábitos.
d) Todas son correctas.

Solución al test n.º 10

1. c) En caso de disfagia es recomendable incluir diferentes consistencias en el mismo plato difíciles de tragar como el arroz caldoso o la sopa de fideos.

2. d) Algunas recomendaciones posturales para facilitar la deglución está el colocar espalda recta en posición vertical en ángulo de 20 a 30 con los pies apoyados en el suelo y la cabeza alineada al tronco.

3. b) Alrededor de los 18 meses.

4. c) Sobre los 3 años se inicia el control: primero de día, y algo más tarde de noche.

5. b) Enuresis.

6. d) Todas son correctas.

7. d) Esperar lo suficiente sin intervenir hasta que la irregularidad se normalice. Esto debe ocurrir siempre antes de la adolescencia.

8. d) Todas son correctas.

9. d) Todos los anteriores.

10. c) Aprobación familiar y social.

11. c) Incontinentes de causa no orgánica y discapacidades leves.

12. d) Todas son correctas.

13. d) a y b son correctas.

14. d) Todas las anteriores.

15. d) La incontinencia fecal.

16. d) Se hará a la vez que el de la micción.

17. b) La incontinencia no debe ser únicamente consecuencia del efecto ocasionado por la ingestión de ciertas sustancias (laxantes) o por la presencia de una enfermedad médica.

18. b) Stanford.

19. d) Anatómico con elásticos.

20. c) Comprobar que las costuras de las mallas que sujetan el pañal estén hacia fuera.

21. d) Existen diferentes técnicas de colocación del pañal según la postura del paciente y el sistema de sujeción.

22. b) Hidratando bien la piel diariamente, mediante cremas protectoras.

23. d) Todas las respuestas anteriores son correctas.

24. c) Grado II. Dependencia severa.

25. d) Todas las respuestas anteriores son correctas.

26. a) Debe plantearse los objetivos partiendo de las capacidades que tiene el niño.

27. d) Las respuestas b) y c) son correctas.

28. b) Se coloca detrás del niño, y le coge las manos, indicándole verbalmente lo que tiene que ir haciendo. Después le cogerá por las muñecas y, finalmente, por los codos.

29. a) Uso de vasos con agarraderas.

30. a) Adaptación realizada en mesas y cubiertos para favorecer la autonomía personal en la alimentación.

31. d) Todos los anteriores.

32. d) Todas las respuestas anteriores son correctas.

33. c) Juegos en el agua.

34. d) Todas las respuestas anteriores son correctas.

35. c) Limpieza de uñas.

36. a) Iremos de lo más fácil a lo más difícil.

37. b) En los primeros meses no existen diferencias considerables, pero a partir de los 8 o 9 meses, las características del bebé con parálisis cerebral (rigidez, espasmos musculares o movimientos incontrolados), hacen que la tarea de vestirlo resulte más compleja.

38. d) Corregir trastornos de lectura.

39. c) Hábito.

40. a) Habilidades.

41. a) La imitación.

42. a) Partir de la capacidad y habilidades que tiene el niño.

El Juego. La importancia del juego en la educación infantil. Juego, desarrollo infantil, discapacidad. Evolución del juego infantil. Clasificación del juego. La elección de juguetes adecuados. La seguridad en los juguetes. Los espacios lúdicos. La disposición de juguetes en el aula. El ATE como dinamizador de juegos y actividades lúdicas. Concepto de ocio y tiempo libre. El papel de ATE en las actividades de ocio y tiempo libre: recreos, salidas, excursiones, campamentos

1. Para el adulto, el juego es:

a) Una actividad necesaria para distraerse de las preocupaciones cotidianas.
b) Una función básica de aprendizaje.
c) Una actividad que deben realizar los niños.
d) Una obligación que repercute en el mejor desarrollo de sus hijos.

2. Para el niño, el juego es:

a) Una forma de aprendizaje.
b) Una actividad divertida.
c) Una forma de exteriorizar situaciones internas que no es capaz de expresar de otro modo.
d) Todas las opciones son correctas.

3. El juego es una actividad seria porque:

a) El niño pone el mismo empeño, concentración y atención jugando que un adulto trabajando.
b) Solo proporciona diversión cuando el niño juega con un adulto, que sabe cómo entretenerlo.
c) Cuanto más serio sea el juego, mayor es el aprendizaje que favorece.
d) El juego no es una actividad seria, sino divertida.

4. La tendencia a convertir cada actividad en juego:

a) Es más evidente en los adultos.
b) Es mayor cuanto más pequeño es el niño.
c) Se hace más evidente cuanto mayor es el niño.
d) No se da de forma espontánea en los niños de Educación Preescolar.

5. Es importante incluir el juego entre las tareas cotidianas en el aula, porque:

a) Se revela como un recurso metodológico fundamental en el ámbito escolar.
b) Es una actividad altamente motivadora.
c) De este modo eliminamos la falsa dicotomía entre juego y trabajo escolar.
d) Todas las respuestas son correctas.

6. El juego favorece el desarrollo psicomotor, porque:

a) Estimula la creatividad.
b) Favorece la relación con los demás.
c) Puede descubrir sensaciones nuevas que de otro modo el niño no tendría ocasión de experimentar.
d) Estimula la agresividad.

7. El juego promueve la creación de zonas de desarrollo potencial que, como sabemos, es la zona por la que puede moverse el niño para construir aprendizajes significativos. Este caso es un ejemplo de cómo el juego favorece:

a) El desarrollo cognitivo.
b) El desarrollo social.
c) El desarrollo motor.
d) El desarrollo afectivo.

8. En lo que se refiere al desarrollo social:

a) El juego facilita el conocimiento y la relación con los demás.
b) El juego permite el autoconocimiento o conocimiento de sí mismo.
c) El juego entre iguales favorece la comunicación cooperación entre ellos.
d) Las respuestas a), b) y c) son correctas.

9. El juego infantil, durante los cuatro primeros meses, se caracteriza porque:

a) Es principalmente espontáneo.
b) Juega más con los adultos que en solitario.
c) El interés se centra en los objetos.
d) Todas las opciones son correctas.

10. Entre los 4 y los 8 meses:

a) El niño juega sobre todo en solitario.
b) Empieza a interesarse por los propios elementos corporales.
c) Empieza a mostrar interés por la manipulación de objetos.
d) Las respuestas b) y c) son correctas.

11. Entre los 8 y los 12 meses:

a) El niño muestra una clara preferencia por jugar en solitario.
b) Sus juegos se centran en la "investigación" de qué efectos producen sus actos.
c) Se divierten con los juegos de aparecer y desaparecer.
d) Las respuestas b) y c) son correctas.

12. Al año de edad aproximadamente:

a) Cada vez requiere más la presencia del adulto para jugar.
b) El juego se dirige hacia sí mismo.
c) Lleva a cabo un juego compartido.
d) Lleva a cabo un juego en paralelo.

13. Entre los dos y los tres años aproximadamente:

a) Predomina el juego compartido.
b) Se abandona definitivamente el juego en paralelo.
c) Aparece el juego simbólico.
d) Todas las opciones son correctas.

14. El juego sensoriomotor, descrito por Piaget, se caracteriza por:

a) Tener lugar entre los 2 y los 7 años de edad.
b) La imitación sistemática y la exploración de lo nuevo.
c) El niño actúa como si fuese otra persona.
d) La necesidad de que el niño acate unas normas.

15. Los juegos de destrucción, que describe Chateau:

a) Se basan en el deseo de autoafirmación del niño.
b) Se caracterizan por el desorden y el arrebato.
c) Es un tipo de juego no reglado.
d) Todas las respuestas son correctas.

16. Entre las ventajas del juego espontáneo podemos citar:

a) Se trata de juegos muy variados.
b) Existe un perfecto ajuste a la edad e intereses del niño.

c) Permite la corrección y eliminación de defectos.
d) Sus efectos son controlados por el profesor.

17. Los mejores juguetes para un niño son:

a) Los fabricados por empresas de reconocido prestigio por su calidad.
b) Los más caros.
c) Los que mejor se adaptan a las características personales de cada niño concreto.
d) Los que están elaborados artesanalmente.

18. A la hora de comprar un juguete para un niño de Educación Infantil debemos tener en cuenta, entre otros aspectos:

a) Es imprescindible que no contenga piezas pequeñas que puedan producir el ahogamiento del niño.
b) Cuanto más sofisticado es el juguete, mayor diversión proporciona.
c) Es conveniente tener siempre un juguete a mano con el que poder premiar la buena conducta de los niños.
d) Todas son correctas.

19. No debemos proporcionar a un niño un juguete:

a) De una marca desconocida.
b) Que no cumpla con las medidas de seguridad que establece la Unión Europea.
c) Que no esté diseñado específicamente para su edad cronológica.
d) Que ya ha usado anteriormente otro niño.

20. Una de las pruebas a las que se someten los juguetes para comprobar su seguridad es:

a) La resistencia.
b) La belleza.
c) El coste económico de producción.
d) La inflamabilidad.

21. Siguiendo a Vicente Martínez y Francisco Gregorio, podemos identificar tres condiciones básicas que debe reunir un buen espacio lúdico. Estas condiciones son:

a) Seguridad física, seguridad psíquica y libertad e independencia.
b) Seguridad, amplitud y libertad.
c) Seguridad física, seguridad mental y seguridad mecánica.
d) Seguridad física, seguridad emocional y afectiva y amplitud.

22. Los juguetes dentro del aula:

a) Deben situarse en alto, para que sea el profesor el que decida las actividades a realizar.
b) Deben situarse al alcance de los niños, para favorecer la libertad de elección y de acción.

c) Deben situarse en alto, pero de modo que sean visibles por los niños, así estimulamos el lenguaje verbal, si necesitan pedirnos lo que desean.

d) Ninguna de las anteriores.

23. Podemos estimular al niño para recoger si:

a) Los niños de Educación infantil y con NEE no tienen capacidad para recoger los juguetes.

b) Ponemos una etiqueta con un código sencillo en el lugar donde se guarda el material.

c) Lo castigamos cada vez que deja un juguete sin recoger.

d) Lo amenazamos con tirar los juguetes si no recoge.

24. Es interesante que los contenedores utilizados para guardar los juguetes:

a) Sean transparentes, para poder ver lo que hay sin necesidad de abrirlos.

b) Tengan una abertura que permitan ver el interior.

c) Se sitúen siempre en alto.

d) Las respuestas a) y b) son correctas.

25. ¿Cuál de los siguientes juegos requiere un mayor desarrollo mental?

a) Juego de ejercicio.

b) Juego simbólico.

c) Juego de reglas.

d) Juegos electrónicos.

26. Los juegos, según el objetivo de aprendizaje que persigan, pueden ser:

a) Colectivos e individuales.

b) Simbólicos o de reglas.

c) Motóricos, sensoriales o psicológicos.

d) De patio o de aula.

27. Los juegos naturales son aquellos que:

a) Se desarrollan en la naturaleza.

b) Se basan en movimientos que hace el niño normalmente.

c) Desarrollan mejor los sentidos.

d) Le permiten conocer el cuerpo humano.

28. Los juegos sensoriales son aquellos:

a) Que ayudan a la educación de los sentidos.

b) Que reflejan sentimientos del niño.

c) Que permiten su desarrollo psicomotor.

d) Más apropiados para los deficientes mentales.

29. Según Maite Garaigordobil Landazabal el juego tiene las siguientes características:

a) El juego es una actividad fuente de placer.
b) El juego es una actividad seria.
c) El juego implica esfuerzo por parte del niño.
d) Todas las respuestas anteriores son correctas.

30. Señala la afirmación correcta sobre el deporte en la educación especial:

a) El deporte en la Educación Especial tiene que tener un carácter educativo.
b) El deporte ha de ser visto como una actividad con carácter integrador.
c) Es importante tener en cuenta el tipo de discapacidad antes de programar las actividades deportivas.
d) Todas son correctas.

31. Una de las líneas metodológicas a seguir para el acompañamiento en actividades de ocio y tiempo libre con alumnos con NEE es:

a) Motivar al alumno a ser autónomo y desempeñar por sí mismo aquellas tareas que estén a su alcance.
b) Dar instrucciones concretas y secuenciadas en aquellas tareas en las que el alumno pueda tener dificultad.
c) Planificar la rehabilitación de destrezas que aumenten la autonomía.
d) Todas son correctas.

32. Las actividades de ocio del niño con NEE serán:

a) Completamente planificadas y rígidas.
b) Flexibles y abiertas.
c) Para favorecer que los niños especiales jueguen entre ellos.
d) Las respuestas b) y c) son correctas.

33. A la hora de planificar actividades de ocio con los alumnos con NEE debemos tener en cuenta:

a) Ya que estos niños tienen tendencia a aislarse del resto, debemos planificar preferentemente actividades individuales y no en grupo.
b) Hay que promover la participación y crear un clima motivacional idóneo para la ejecución de las actividades planteadas.
c) Se debe evitar el contacto entre niños de ambos sexos.
d) Todas las anteriores.

34. ¿Qué autor considera la relación del entorno socionatural como un criterio que favorece el buen aprendizaje?

a) Piaget.
b) Freud.

c) Decroly.
d) Ausubel.

35. En la realización de las actividades de ocio influyen aspectos del alumno como:

a) Problemas físicos relacionados con la movilidad y la ausencia de fuerzas que pueden desencadenar accidentes y caídas.
b) Nivel de estimulación.
c) Limitaciones sensoriales.
d) Todas son correctas.

36. El tiempo que queda después de realizar las obligaciones personales se denomina:

a) Tiempo libre.
b) Ocio.
c) Tiempo muerto.
d) a) y b) son correctas, pues son conceptos sinónimos.

37. La mayoría de las definiciones de ocio dadas por los diferentes autores coinciden al señalar tres condiciones fundamentales para considerar una actividad como ocio. Señala la incorrecta:

a) Autonomía. Libre elección-voluntariedad.
b) Necesidad de planificación.
c) Vivencia placentera-satisfacción.
d) Deseable por sí misma y con carácter final.

38. Una característica que debe tener el ocio es el autotelismo. ¿A qué nos referimos con este término?

a) La actividad de ocio produce mejoras en la persona.
b) Una actividad de ocio es deseable simplemente por el gusto de realizarla.
c) El ocio es una actividad elegida de forma autónoma.
d) El ocio debe estar planificado por un profesional.

39. Señala la afirmación correcta sobre la concepción de ocio como consumo cultural.

a) Se encuadra en la corriente de democratización de la cultura y la difusión cultural.
b) Tiene su máxima expresión en la cultura de masas.
c) Este tipo de ocio ha dado lugar al nacimiento de la industria del ocio cultural.
d) Todas son correctas.

40. ¿Qué tipo de ocio se pude considerar el hecho de asistir a un concierto, a una representación teatral, leer, ver la televisión?

a) Ocio activo.
b) Ocio pasivo.

c) Ocio Colectivo.
d) Ocio Social.

41. En función del ámbito en que se realizan las actividades de ocio, ¿de qué tipo de ocio hablamos cuando asistimos a fiestas o veladas?

a) Ocio de Naturaleza.
b) Ocio de Formación y cultura.
c) Ocio de Recreación.
d) Ocio Social.

42. Según Cuenca las dimensiones del ocio son cinco. Señala la incorrecta:

a) Dimensión Lúdica.
b) Dimensión Económica.
c) Dimensión Festiva-comunitaria.
d) Dimensión Solidaria.

43. Considerada como una manifestación de la identidad cultural y social, la fiesta –en su sentido tradicional y moderno– es concebida como una muestra extraordinaria del ocio compartido, frente a las vivencias más individuales de este. ¿A qué dimensión del ocio nos referimos?

a) Dimensión Lúdica.
b) Dimensión Económica.
c) Dimensión Festiva-comunitaria.
d) Dimensión Solidaria.

44. López Andrada y otros autores distinguen cinco niveles de aprovechamiento del ocio, según sea más o menos edificante para la persona. ¿Cuál de los siguientes niveles supone un menor aprovechamiento?

a) Entretenimiento.
b) Consumo.
c) Aburrimiento.
d) Descanso.

45. López Andrada describe este nivel de aprovechamiento del ocio como aquel estadio en el que el individuo delega sobre las empresas de servicios y las industrias de ocio la entera responsabilidad de organizar entretenimientos para su tiempo libre:

a) Entretenimiento.
b) Consumo.
c) Aburrimiento.
d) Descanso.

46. Es un proceso que dura toda la vida y en el que las personas adquieren y acumulan conocimientos, capacidades y actitudes de las experiencias diarias y del contacto con su medio:

a) Educación Formal.
b) Educación Informal.
c) Educación No Formal.
d) Ocio formativo.

47. Hernández distingue tres elementos del ocio. Señala el incorrecto:

a) El tiempo libre.
b) La satisfacción personal.
c) El tipo de actividad.
d) La experiencia vivida.

48. Entre los objetivos de la Educación para el ocio y tiempo libre se encuentra:

a) Fomentar la creatividad.
b) Despertar aficiones.
c) Fomentar el respeto a los demás.
d) Todas son correctas.

49. Llull Peñalba propone una serie de objetivos generales para la educación para el ocio y el tiempo libre. ¿Cuál no es uno de ellos?

a) Ayudar a una mejor organización de los tiempos de la vida de las personas, con el fin de obtener un mayor tiempo personal y una cierta liberación de las obligaciones, compromisos y tensiones de cada día.
b) Fomentar el empleo del tiempo libre como simple reponedor de fuerzas, tanto físicas como psíquicas.
c) Fomentar la expresión creativa individual como una forma de recuperar el valor significativo y participativo de la democracia cultural.
d) Proponer situaciones inusuales y experiencias extraordinarias, que ayuden al descubrimiento personal de capacidades y destrezas, de acuerdo con los principios del aprendizaje significativo y la educación permanente.

50. Puig y Trilla proponen como principio de una pedagogía del ocio:

a) Respetar la autonomía y la libre elección. La pedagogía del ocio ha de ir dirigida a enseñar a crear, no sólo a consumir; ha de generar alternativas para que se pueda elegir, ha de fomentar y no suplir.
b) Estimular el valor de lo cotidiano, explorando el placer que encierran actividades que se realizan en el tiempo libre, como cuidar su propio espacio, relacionarse con los vecinos, etc.
c) Compatibilizar el ocio individual con el colectivo para lograr un encuentro satisfactorio con uno mismo y con los demás.
d) Todas son correctas.

Solución al test n.º 11

1. a) Una actividad necesaria para distraerse de las preocupaciones cotidianas.

2. d) Todas las opciones son correctas.

3. a) El niño pone el mismo empeño, concentración y atención jugando que un adulto trabajando.

4. b) Es mayor cuanto más pequeño es el niño.

5. d) Todas las respuestas son correctas.

6. c) Puede descubrir sensaciones nuevas que de otro modo el niño no tendría ocasión de experimentar.

7. a) El desarrollo cognitivo.

8. d) Las respuestas a), b) y c) son ciertas.

9. a) Es principalmente espontáneo.

10. c) Empieza a mostrar interés por la manipulación de objetos.

11. d) Las respuestas b) y c) son correctas.

12. d) Lleva a cabo un juego en paralelo.

13. c) Aparece el juego simbólico.

14. b) La imitación sistemática y la exploración de lo nuevo.

15. d) Todas las respuestas son correctas.

16. b) Existe un perfecto ajuste a la edad e intereses del niño.

17. c) Los que mejor se adaptan a las características personales de cada niño concreto.

18. a) Es imprescindible que no contenga piezas pequeñas que puedan producir el ahogamiento del niño.

19. b) Que no cumpla con las medidas de seguridad que establece la Unión Europea.

20. d) La inflamabilidad.

21. a) Seguridad física, seguridad psíquica y libertad e independencia.

22. b) Deben situarse al alcance de los niños, para favorecer la libertad de elección y de acción.

23. b) Ponemos una etiqueta con un código sencillo en el lugar donde se guarda el material.

24. d) Las respuestas a) y b) son correctas.

25. c) Juego de reglas.

26. c) Motóricos, sensoriales o psicológicos.

27. b) Se basan en movimientos que hace el niño normalmente.

28. a) Que ayudan a la educación de los sentidos.

29. d). Todas las respuestas anteriores son correctas.

30. d) Todas son correctas.

31. d) Todas son correctas.

32. b) Flexibles y abiertas.

33. b) Hay que promover la participación y crear un clima motivacional idóneo para la ejecución de las actividades planteadas.

34. c) Decroly.

35. d) Todas son correctas.

36. a) Tiempo libre.

37. b) Necesidad de planificación.

38. b) Una actividad de ocio es deseable simplemente por el gusto de realizarla.

39. d) Todas son correctas.

40. b) Ocio pasivo.

41. c) Ocio de Recreación.

42. b) Dimensión Económica.

43. c) Dimensión Festiva-comunitaria.

44. b) Consumo.

45. b) Consumo.

46. b) Educación Informal.

47. b) La satisfacción personal.

48. d) Todas son correctas.

49. b) Fomentar el empleo del tiempo libre como simple reponedor de fuerzas, tanto físicas como psíquicas.

50. d) Todas son correctas.

TEST N.º 12

La coordinación y el trabajo en equipo. El papel del ATE en los órganos de coordinación docente. El trabajo colaborativo con el claustro. Relación entre escuela y familia

1. Todas las siguientes son funciones del ATE, excepto:

a) Colaborar en las salidas, excursiones o fiestas, programadas en la PGA que afecten a los alumnos con NEE.
b) Colaborar en el desarrollo de los programas de autonomía social, vinculados a hábitos de conducta y comunicativos del alumno con NEE en períodos de recreo, comedor, etc.
c) Evaluación de la evolución del alumno en las áreas de su competencia.
d) Atención, vigilancia y cuidado de estos alumnos en los períodos de recreo y descanso, procurando una adecuada relación con el resto.

2. ¿Cuál de las siguientes opciones, en relación con el perfil profesional del ATE, no es correcta?

a) El Auxiliar Técnico Educativo pertenece a la categoría de trabajador docente.
b) Sus funciones se centrarán en la atención a las necesidades educativas especiales de alumnos determinados a los que se les ha dictaminado oficialmente como alumnos de NEE.
c) El ATE aporta técnicas específicas de tratamiento del alumnado con NEE.
d) El ATE contribuye al desarrollo personal y curricular del alumno.

3. En la formación del ATE, ¿cuál de las siguientes opciones no se considera prioritaria?

a) Conocimiento del niño.
b) Conocimientos sobre organización escolar.
c) Conocimientos pedagógicos.
d) Conocimientos sobre NEE.

4. Todas las siguientes son actuaciones de los equipos educativos, excepto:

a) La evaluación del proceso de E-A y del funcionamiento del propio equipo.
b) La programación curricular y las adaptaciones curriculares.

c) La realización de actividades conjuntas y actuaciones a nivel de centro.
d) Todas lo son.

5. Todos los siguientes profesionales son miembros del equipo educativo, menos:

a) El orientador escolar.
b) Monitor de comedor.
c) ATE.
d) Maestro de Audición y Lenguaje.

6. Las funciones del técnico auxiliar en relación con el equipo de tutores son todas las siguientes menos una. ¿Sabe cuál?

a) Atender y cuidar, junto con el resto de profesores del centro, a los alumnos en los periodos de recreo y otras actividades no lectivas.
b) Facilitar la integración de los alumnos en el grupo y fomentar su participación en las actividades del centro.
c) Detectar necesidades educativas complementarias o de adaptación curricular que se evidencien como consecuencia de la evaluación.
d) Organizar junto con el tutor, ambiente educativo, vigilando las condiciones higiénicas, sanitarias y de seguridad.

7. De las siguientes funciones del ATE en relación con el equipo de tutores, ¿cuál es falsa?

a) Participar en el desarrollo del Plan de Acción tutorial y las actividades de orientación, bajo la colaboración del equipo de orientación educativa y psicopedagógica.
b) Atender las demandas de actuación de los niños y las indicaciones del tutor.
c) Atender a las familias en los intercambios de información.
d) Facilitar la cooperación educativa entre maestros y padres de alumnos.

8.¿Cuál de las siguientes afirmaciones no es correcta?

a) El ATE asiste y participa en las sesiones de reunión de los equipos de ciclo.
b) Los equipos de ciclo están formados por los profesores y educadores que imparten docencia en un mismo ciclo.
c) Los equipos de ciclo actuarán bajo la supervisión de la jefatura de estudios.
d) Todas son correctas.

9. Entre las funciones del equipo de ciclo no se encuentra:

a) Realizar las adaptaciones curriculares significativas tras su evaluación por el SPES.
b) Proponer actividades extraescolares y complementarias.
c) Programar el trabajo escolar mediante unidades globalizadas.
d) Programar cursos de formación permanente.

10. Como sabe, la Comisión de Coordinación Pedagógica está formada por el director del centro, el jefe de estudios, los coordinadores de ciclo y en su caso el maestro orientador del centro, o un profesional del equipo interdisciplinar de sector, y en su caso, por un maestro de apoyo. ¿Cuál de las siguientes no figura entre sus funciones?

a) Evaluar el rendimiento global de los alumnos del centro y sugerir modificaciones si fuesen precisas.
b) Proponer al claustro la planificación de las sesiones de evaluación.
c) Coordinar las actividades de orientación dirigidas al alumnado.
d) Coordinar la elaboración del PC, así como la de sus posibles modificaciones.

11. ¿Cuál de las siguientes afirmaciones en relación con el claustro de profesores es incorrecta?

a) El Claustro de profesores es el órgano propio de participación de los profesores en el gobierno del centro y tiene la responsabilidad de planificar, coordinar, informar y, en su caso, decidir sobre todos los aspectos educativos del centro.
b) Está compuesto por la totalidad de los profesores y educadores que prestan servicios en el centro.
c) Está presidido por el director del centro.
d) La asistencia al claustro no es obligatoria si se asiste al menos a los trimestrales.

12. Las funciones específicas del ATE en el claustro de profesores son todas las siguientes, excepto:

a) Emisión del voto en las decisiones tomadas en el seno del claustro.
b) Participación en la toma de decisiones educativas que se tomen en seno del claustro.
c) Planificación de los distintos elementos del proceso de enseñanza-aprendizaje.
d) Participar en la evaluación de programas y actividades de educación y atención a las NEE.

13. Señale cuál de los siguientes es un órgano de coordinación docente:

a) Comisión de Coordinación Pedagógica.
b) Equipos de ciclo.
c) Equipo de Orientación del Centro.
d) Todos los anteriores lo son.

14. La actuación del equipo multidisciplinar de sector incluyen como ámbitos preferentes todos los siguientes, excepto:

a) Prevención social y educativa.
b) Detección y despistaje.
c) Valoración.
d) Rehabilitación.

15. A continuación se citan técnicas que utiliza el fisioterapeuta y en qué consisten. Uno de los emparejamientos es falso. Señálelo:

a) Cinesiterapia: uso de dispositivos mecánicos que posibilitan y favorecen determinados movimientos.
b) Termoterapia: uso del calor con fines terapéuticos.
c) Electroterapia: electroestimulación.
d) Talasoterapia: uso del agua marina con fines medicinales.

16. Una de las funciones del ATE es:

a) Colaborar en el diseño y ejecución de programas de autonomía personal con los profesionales correspondientes en relación con hábitos básicos, alimentación, vestido y control de esfínteres.
b) Acompañamiento en la ruta escolar de aquellos alumnos con NEE que, por sus características de no autonomía, precisen la presencia de un ATE.
c) Participación en las reuniones donde se aborden temas relacionados con los alumnos con NEE a los que atiende, informando del seguimiento y aplicación de la labor desarrollada.
d) Todas son correctas.

17. Entre los documentos que conceden autonomía pedagógica a un centro están:

a) Memoria anual.
b) Programaciones didácticas.
c) Normas de convivencia, organización y funcionamiento.
d) Proyecto de gestión.

18. En cada curso escolar, los centros recogen la actividad anual que se pretende llevar a cabo, en un documento, que se denomina:

a) Programación General Anual.
b) Proyecto educativo.
c) Proyecto de gestión.
d) Memoria anual.

19. Las Normas de convivencia, organización y funcionamiento, confieren un tipo de autonomía al centro:

a) Autonomía de carácter general.
b) Autonomía pedagógica.
c) Autonomía organizativa.
d) Autonomía económica.

20. ¿Cuál de los siguientes apartados no se incluye en el PEC?

a) La descripción de las características del entorno social y cultural del centro y del alumnado.
b) Los principios educativos y los valores que guían la convivencia.

c) La definición de la jornada escolar del centro.

d) Una introducción en la que se recoja, de forma breve, las conclusiones de la memoria del curso anterior.

21. El documento que elabora el Equipo directivo con la participación del profesorado a través del Claustro de profesores y recoge las aportaciones de los restantes componentes de la comunidad escolar se denomina:

a) Programación general anual.
b) Proyecto educativo de centro.
c) Programación didáctica.
d) Memoria anual.

22. Finalizado el curso escolar, los centros han de recoger las conclusiones de la evaluación interna y, en su caso, de la evaluación externa, en un documento que se llama:

a) Programación general anual.
b) Programación didáctica.
c) Proyecto educativo.
d) Memoria anual.

23. El Proyecto de gestión es un documento relacionado con qué tipo de autonomía de un centro:

a) Organizativa.
b) Pedagógica.
c) Económica.
d) De carácter general.

24. El proyecto educativo de un centro:

a) Define la identidad del centro docente.
b) Garantiza el desarrollo coordinado de todas las actividades educativas del centro docente.
c) Recoge las conclusiones de la evaluación interna y, en su caso, de la evaluación externa.
d) Es un instrumento específico de planificación, desarrollo y evaluación de cada área del currículo.

25. Las modificaciones del PEC podrán ser presentadas:

a) Por el equipo directivo.
b) Por el Claustro.
c) Por cualquier miembro del Consejo escolar y/o del AMPA.
d) Todas las anteriores son correctas.

26. El Proyecto Educativo de un centro lo aprueba:

a) El Claustro de profesores.
b) La mayoría de dos tercios del Consejo escolar, con derecho a voto.
c) La mayoría absoluta de los miembros del consejo escolar, con derecho a voto.
d) La mayoría de dos tercios de todos los miembros del Consejo escolar.

27. La autonomía económica en un centro se describe a través del siguiente documento:

a) Proyecto educativo del centro.
b) Memoria anual.
c) Proyecto de gestión.
d) Programación didáctica.

28. Cuando hablamos de instrumentos específicos de planificación, desarrollo y evaluación de cada área del currículo, nos referimos a:

a) Proyecto educativo.
b) Proyecto de gestión.
c) Programación didáctica.
d) Programación general anual.

29. La planificación de las diferentes actuaciones para el logro de los objetivos generales propuestos en cada uno de los ámbitos especificando el calendario previsto, los responsables de su realización y evaluación, ha de constar en el siguiente documento:

a) Memoria anual.
b) Proyecto educativo.
c) Proyecto de gestión.
d) Programación anual.

30. Entre los apartados que ha de incluir el PEC, están (señale la incorrecta):

a) La descripción de las características del entorno social y cultural del centro, del alumnado, así como las respuestas educativas que se deriven de estos referentes.
b) Los principios educativos y los valores que guían la convivencia y sirven de referente para el desarrollo de la autonomía pedagógica, organizativa y de gestión del centro.
c) La oferta de enseñanzas del centro, la adecuación de los objetivos generales a la singularidad del centro y las programaciones didácticas que concretan los currículos establecidos por la Administración educativa.
d) Los objetivos, las competencias básicas, la secuenciación de los contenidos por cursos y los criterios de evaluación de las áreas.

31. El presupuesto del centro y su estado de ejecución, se reflejan en el siguiente documento:

a) La programación general anual.
b) Proyecto educativo.
c) Proyecto de gestión.
d) Programaciones didácticas.

32. Las normas de convivencia, organización y funcionamiento específicas de cada aula son elaboradas y revisadas anualmente por:

a) Equipo directivo.
b) Equipo de orientación y apoyo.
c) Profesorado y alumnado.
d) Tutores.

33. En cuanto a la relación entre centro educativo y familia es cierta la siguiente afirmación:

a) Las familias se perciben con los mismos derechos y potencialidades, y con una experiencia equivalente a la de los profesionales.
b) Aunque las familias pueden colaborar, la responsabilidad es exclusivamente de los profesionales.
c) Las familias contribuyen como receptoras de servicios, pero no como proveedoras.
d) Las opciones b y c son correctas.

34. La relación entre familia y escuela:

a) Se ve por parte de los profesionales como una intromisión en sus funciones.
b) Se ve por parte de los padres como una intromisión de los profesores en su labor educativa.
c) Ha de ser de colaboración.
d) Debe limitarse a la información sobre los resultados académicos.

35. Entre las habilidades y actitudes que debe presentar el profesional para la relación con las familias que tienen hijos con discapacidad podemos citar:

a) Mantener una actitud de respeto, sinceridad y honradez.
b) Enfatizar los rasgos positivos de las familias en general y de los sujetos con discapacidad en particular.
c) Admitir que no se sabe todo.
d) Todas son correctas.

36. Entre los objetivos o finalidades de la colaboración entre padres y educadores podemos citar:

a) Guardarse la información que cada parte tiene sobre el niño para que así se puedan descubrir nuevas formas de enfrentarse al problema.
b) Dejar las actividades de socialización para las familias.
c) Trabajar en común sobre aspectos tales como autocuidado, independencia, comunicación.
d) Todas son correctas.

37. Uno de los principales campos de colaboración entre padres y educadores es:

a) Dar y recibir información.
b) Dar y recibir formación.
c) Colaborar mutuamente en programas y actividades relacionados con la labor educativa que se está haciendo con el niño.
d) Todas son correctas.

38. Para que una entrevista entre padres y educadores tenga éxito:

a) No debe existir un guion por escrito para transmitir los contenidos.
b) Debemos limitarnos a informar sobre lo negativo, pues es lo que requiere solución y así no prolongamos la entrevista innecesariamente.
c) Debemos situarnos en un lugar físico favorable y sin barreras entre el entrevistador y entrevistado.
d) Debemos mantenernos en un plano de superioridad o experto, en caso contrario no harían caso de nuestras recomendaciones.

Solución al test n.º 12

1. c) Evaluación de la evolución del alumno en las áreas de su competencia.

2. a) El Auxiliar Técnico Educativo pertenece a la categoría de trabajador docente.

3. b) Conocimientos sobre organización escolar.

4. d) Todas lo son.

5. b) Monitor de comedor.

6. c) Detectar necesidades educativas complementarias o de adaptación curricular que se evidencien como consecuencia de la evaluación.

7. c) Atender a las familias en los intercambios de información.

8. d) Todas son correctas.

9. d) Programar cursos de formación permanente.

10. a) Evaluar el rendimiento global de los alumnos del centro y sugerir modificaciones si fuesen precisas.

11. d) La asistencia al claustro no es obligatoria si se asiste al menos a los trimestrales.

12. a) Emisión del voto en las decisiones tomadas en el seno del claustro.

13. d) Todos los anteriores lo son.

14. d) Rehabilitación.

15. a) Cinesiterapia: uso de dispositivos mecánicos que posibilitan y favorecen determinados movimientos.

16. d) Todas son correctas.

17. b) Programaciones didácticas.

18. a) Programación General Anual.

19. c) Autonomía organizativa.

20. d) Una introducción en la que se recoja, de forma breve, las conclusiones de la memoria del curso anterior.

21. a) Programación general anual.

22. d) Memoria anual.

23. c) Económica.

24. a) Define la identidad del centro docente.

25. d) Todas las anteriores son correctas.

26. b) La mayoría de dos tercios del Consejo escolar, con derecho a voto.

27. c) Proyecto de gestión.

28. c) Programación didáctica.

29. d) Programación anual.

30. d) Los objetivos, las competencias básicas, la secuenciación de los contenidos por cursos y los criterios de evaluación de las áreas.

31. a) La programación general anual.

32. c) Profesorado y alumnado.

33. a) Las familias se perciben con los mismos derechos y potencialidades, y con una experiencia equivalente a la de los profesionales.

34. c) Ha de ser de colaboración.

35. d) Todas son correctas.

36. c) Trabajar en común sobre aspectos tales como autocuidado, independencia, comunicación.

37. d) Todas son correctas.

38. c) Debemos situarnos en un lugar físico favorable y sin barreras entre el entrevistador y entrevistado.

SUPUESTOS PRÁCTICOS

Algunas sugerencias para realizar el supuesto práctico

Si tenemos en cuenta que la labor que realiza el ATE se corresponde con la parte ejecutiva del programa previamente determinado, hemos de insistir en lo siguiente:

– Los hábitos son conductas que no requieren reflexión, ni intencionalidad, lo que indica es que, a base de repetirlos en situaciones idénticas, surge de forma espontánea.

– Tanto las habilidades físicas como mentales son formas de conducta adquiridas, o sea, susceptibles de ser aprendidas o desaprendidas, lo cual hace más fácil, precisa y efectiva cualquier acción a realizar.

– En realidad todos los pasos a seguir han de llevarse a cabo por todos y cada uno de los profesionales que intervienen en la vida ordinaria del niño, además de la familia.

– La consecución de la autonomía personal es un objetivo a conseguir en todos los programas de desarrollo individual.

Recordamos las funciones de los **Auxiliares Técnicos Educativos** en relación con los alumnos con necesidades educativas especiales:

– Prestar servicios educativos complementarios para la formación de los alumnos con necesidades educativas especiales, atendiendo a estos a su llegada al centro, en los hábitos de higiene, aseo y alimentación, durante la noche y demás necesidades análogas, potenciando su autonomía e integración.

– Colaborar con los profesores y el resto de los profesionales en los cambios posturales y traslados de aulas o servicios de los escolares, en la vigilancia de estos en los recreos y en las clases, en ausencia inexcusable del profesor.

– Asistir al alumno en relación con las tareas de la vida diaria que no pueda realizar solo a causa de su discapacidad.

– Llevar a cabo la atención y cuidado en salidas, paseos, juegos y tiempo libre en general.

– Colaborar con el maestro mediante la realización de tareas elementales que completen el trabajo de este en orden a propiciar la autonomía personal y la formación del alumno.

– Administrar la medicación que no requiera especialización profesional, prescritas por un facultativo y dosificada por el responsable del alumno.

– Participar en las distintas reuniones de coordinación establecidas en los centros.

– Aquellas otras actividades que le sean requeridas en el ejercicio de su profesión.

Podemos desarrollar un pequeño esquema que nos sirva de guión para realizar el caso práctico:

1. Evaluación inicial de la situación planteada.

2. Cuestiones a destacar: evaluar los recursos con los que contamos, tanto personales como materiales, y cualquier circunstancia que consideremos relevante.

3. Desarrollo de un programa de intervención:

    3.1. Objetivos a conseguir.

    3.2. Actividades.

    3.3. Recursos.

    3.4. Metodología.

    3.5. Temporalización.

    3.6. Evaluación del programa.

En un Centro de Educación Especial, se atiende a menores con edades comprendidas entre los 3 y los 16 años.

En el centro hay un horario de jornada partida, con horario de mañana y tarde, y con disponibilidad de comedor.

Los menores presentan dificultades de tipo motórico, sensorial e intelectual.

En el centro trabaja todo un equipo de profesionales, entre los que se encuentran varios ATEs. Usted será uno de ellos. En esta ocasión deberá llevar a cabo un control de esfínteres con aquellos niños que aún no han conseguido controlar la micción.

1. Evaluación inicial de la situación planteada

Nos encontramos en un Centro de Educación Especial, en el cual trabajaremos con niños con diferentes tipos de NEE.

Hemos de tener presente que cualquier niño con necesidades especiales en la incontinencia, es susceptible de intervención para mejorar su adaptación social y en la atención de esta necesidad está también implicado el ATE.

Cabe señalar que tiene servicio de comedor, lo que puede implicar al ATE en tareas alimenticias.

2. Cuestiones a destacar

Para un adecuado control de esfínteres, se requiere la existencia de una serie de requisitos por parte del alumno:

- La causa de la enuresis o encopresis no se debe a un daño orgánico.

- Los alumnos deben poder comprender bien órdenes sencillas.

- Presentar cierto grado de autonomía.

Es necesario confeccionar un programa de intervención para el control de la micción y de la defecación.

Previamente al inicio del programa, todos los profesionales (incluida la familia) que intervienen en la educación del niño, han de tener en cuenta determinados aspectos:

– Explicarles lo que intentamos hacer.

– Procurar que el aseo esté cerca del niño.

– El baño ha de ser cómodo y un lugar alegre.

– Animarle cuando está en el retrete.

– Por supuesto, y al inicio del programa, quitarles los pañales.

Se realizará una evaluación de las necesidades, grado de control y madurez fisiológica y funcional del alumnado que presente falta de control de esfínteres.

3. Desarrollo del programa de intervención

3.1. Objetivo general

Conseguir que el menor sea capaz de controlar esfínteres.

3.2. Actividades

Valoración inicial de su grado de madurez y control, así como posibles causas orgánicas o psicológicas que condicionen el control.

– Realizar un registro donde se explicite la hora de micción, si está seco, mojado, etc. Este registro se habrá de compartir con la familia.

NOMBRE:
EDAD:
NIVEL:
DIAGNÓSTICO:
CENTRO: LOCALIDAD
TEMPORALIZACIÓN:

MES	CASA	COLEGIO	VARIOS	SECO	PIS	CACA	WATER
DÍA HORA							
8							
9							
10							
11							
12							
13							
14							
15							
16							
/							
/							
/							

OBSERVACIONES:

- Actividades para reconocer el momento en el que siente ganas de ir al baño y buscar los modos de expresión de las mismas.

- Llevaremos al niño periódicamente, según la hora establecida, al aseo. Al principio cada media hora; este intervalo se irá ampliado conforme avance en el control y podrá verse modificado si manifiesta necesidad.

- Sentarle, o ayudarle a sentarse, relajadamente en el inodoro. Si su movilidad es reducida usaremos adaptadores u otros sistemas adecuados a su postura y movilidad.

- Higiene y limpieza, potenciando siempre la autonomía y auxiliando en las necesidades que presente.

- Cerrar la tapa y tirar de la cisterna. A continuación lavarse las manos.

- En el caso de que no orine, se intentará de nuevo a la siguiente hora programada. Nunca se le debe reñir al niño o ponerle en ridículo; se ha de trabajar en positivo cualquier actividad.

- Revisaremos diariamente las horas de micción, para ir ajustando el horario al niño.

- Según se va consiguiendo se ampliará el intervalo de tiempo, para ir acercándolos a las necesidades del niño.

- Reforzaremos los logros y aproximaciones sucesivas.

3.3. Recursos

Debemos tener en cuenta que estos niños tienen necesidades educativas especiales, por lo que hay que contar con los siguientes recursos:

- En primer lugar, y en función del número de niños, habrá uno o más ATEs.

- En cuanto a los recursos materiales contaremos con accesorios de adaptación, ya que hay niños pequeños y/o con necesidades de movilidad graves.

- Procuraremos que el aseo esté cercano al niño y le animaremos a la hora de ir al baño; ello nos permitirá, en etapas sucesivas, que el niño adquiera autonomía para acercarse solo al baño.

- Se eliminará cualquier barrera arquitectónica.

3.4. Metodología

El método a seguir es activo, lo que requiere de una buena programación y acercamiento al niño; reforzando positivamente los logros obtenidos y animándolo a intentarlo en otra ocasión cuando fracase.

Planteamiento natural del proceso y la limitación.

Coordinación con la familia y resto de profesionales educativos implicados.

3.5. Temporalización

El programa del control de esfínteres no tendrá una temporalización fija, ya que dependerá de cada caso particular.

Se programará semanalmente y se irá ajustando según la evolución del día a día.

3.6. Evaluación del programa de intervención

La evaluación se llevará a cabo a través de los registros diarios, por tanto se realizará una evaluación continua.

En la misma pueden participar todas las personas que intervienen en el programa. Se llevará a cabo una puesta en común, y se comentará cualquier situación que se pueda haber presentado a lo largo de la semana; si surge alguna duda será el momento de plantearlo.

Nos encontramos en un Centro de menores; como en la mayoría de ellos, los problemas de socialización y comunicación están presentes constantemente.

A pesar de que no hay un número elevado de niños, hay tres hermanos pertenecientes a una misma familia que se encuentran en situación marginal. El mayor de los hermanos tiene 10 años, el mediano 8 y el más pequeño tiene 6 años. Actualmente llevan en el centro dos meses y apenas se comunican con el resto de internos. Están planteando un grave problema de comunicación. El Centro está ubicado en un barrio de clase media, y dispone de una buena infraestructura a nivel de instalaciones deportivas, sanitarias y educativas. La mayoría de los niños del internado asisten a un centro educativo que está cerca del Centro de menores.

Usted es un ATE en el Centro de menores, y deberá de acompañar a los pequeños en los momentos de ocio y recreo. Son niños que no suelen hablar, ni participar en actividades grupales. ¿Cómo cree que podría actuar en este caso?

1. Evaluación inicial de la situación planteada

Nos encontramos en una residencia de protección a la infancia, en la que debemos atender en los momentos de ocio y recreo a tres hermanos que plantean un problema de comunicación.

Desconocemos sus antecedentes personales, los cuales habrá que revisar, ya que la mayoría de niños que son acogidos por parte de los servicios sociales, han recibido malos tratos, privaciones, etc.

Los aspectos emocionales, de comunicación, no son sencillos de abordar, y algunos niños necesitan tratamiento específico por parte de profesionales especializados (psicólogos).

Los chicos están integrados en un centro educativo próximo, pero no parecen interesarse por nada, ni dentro, ni fuera del colegio.

2. Cuestiones a destacar

Tal y como se plantea el caso es necesario, en primer lugar, establecer un vínculo afectivo entre los tres hermanos.

Frecuentemente, y en determinados caso, las intervenciones serán pautadas y supervisadas por personal especializado, lo cual nos servirá de apoyo en nuestro trabajo.

Si tenemos en cuenta que el niño pequeño tiene 6 años, podemos deducir que tiende a establecer relaciones causa-efecto y a atribuir los problemas a su comportamiento; prestemos atención también a lo que nos comunica con sus gestos y expresiones.

Como recursos, el barrio dispone de instalaciones deportivas y salas de ocio, lo cual puede facilitarnos la labor.

3. Desarrollo de un programa de intervención

3.1. Objetivos generales

Conseguir una adecuada comunicación y socialización de los tres hermanos.

Adquirir habilidades sociales de comunicación.

Participar en actividades y juegos de tiempo libre y recreo.

Establecer vínculos afectivos y sociales con los compañeros de juego.

3.2. Actividades

Como hemos comentado anteriormente, los problemas de comunicación requieren de determinadas estrategias y habilidades. Si tenemos en cuenta que en el centro se lleva a cabo una verdadera labor interdisciplinar, en la que todos los profesionales colaboran en este proceso de comunicación, y siguiendo las pautas establecidas para los hermanos, intentaremos desarrollar una serie de actividades que mejoren la integración y relaciones sociales de los hermanos.

Por otro lado, es conveniente que hagamos referencia a algunos aspectos de la socialización en los niños, debido a que ello nos ayudará como docentes, a comprender cuáles son las conductas de relación a dicha edad.

La socialización incluye tres procesos:

- Procesos mentales de socialización: implican la adquisición de conocimientos y experiencias referidos a personas y a la sociedad.

- Procesos afectivos de la socialización: suponen la formación de conductas de apego, tal y como señala Bowlby.

- Procesos conductuales de socialización: llevan al niño a la formación social de la conducta, adopción de pautas socializadas, normas, rol sexual, entre otros. Supone, por tanto, el conocimiento de valores, normas y hábitos sociales que regulan y controlan su propia conducta. Esta se aprende mediante la imitación, refuerzos positivos, preparación, instrucción y práctica.

Algunos aspectos que debemos tener en cuenta frente a esta situación son:

– Tener presente si ha habido algún motivo desencadenante de dicha conducta.

– Hablar con el niño sobre aquello que le sucede. Cobra gran relevancia que los niños expresen sus propias emociones y sentimientos.

– No dejarles de lado. Tener paciencia y hablarles con respeto.

– Intentar acercarle a algún concepto que les cause motivación y curiosidad, de este modo es más probable que desarrollen el diálogo y la interacción.

– La perseverancia por parte del adulto en la muestra de ayuda e interés es fundamental.

Para ello tendremos en cuenta las estrategias de Hopson y Scally, 1981, que constituyen diferentes métodos para facilitar la comunicación con el niño:

– En primer lugar, trataremos de ser receptivo con cada uno de ellos y mostraremos interés por todo lo que pensemos que puede motivarles.

– En las actividades lúdicas, participar junto con ellos en los diferentes juegos que se planteen.

– Llamarles siempre por su nombre.

– Nunca criticarles ni menospreciarles, al contrario, ser muy positivos con ellos.

– Hacerles preguntas directamente para provocar la comunicación.

– Intentar evitarles situaciones embarazosas.

– Tratar de ganarse su confianza y ser su confidente.

– Utilizar las pistas deportivas para realizar distintos juegos, y así emplear escenarios más cercanos para facilitar la comunicación.

– Interesarse por sus juegos preferidos.

– Siempre y en todo momento utilizar la empatía y comprensión.

– Intentar que se comuniquen con sus compañeros más próximos; buscando, por ejemplo, aficiones comunes.

– Realizar actividades individuales con cada uno para conocer más de cerca su problemática personal.

Indicados los matices importantes a tener en cuenta en la socialización, vamos a citar aquellas estrategias de resolución para evitar conductas de aislamiento, dividiéndolas en estrategias de centro, aula y con las familias:

a) **Estrategias de centro:** por ejemplo planificación y vigilancia de los patios.

– Talleres multinivel: encuentros y tutorías entre iguales que favorezcan la socialización como lecturas de cuentos.

– Festividades y semanas culturales celebradas a nivel de centro, que propician en encuentro y las relaciones.

b) **Estrategias de aula:**

– Dinámicas de cohesión social: el libro viajero, nos decimos cosas agradables, nuestro grupo, la maleta, la entrevista. A través de dichas dinámicas los alumnos se conocen y adquieren protagonismo, dado que destacan aquellos aspectos más positivos de ellos y que por lo tanto, pueden ofrecer al resto de sus compañeros.

– Grupos de trabajo cooperativo, desarrollando dinámicas como "el folio giratorio" o "boli al medio". Mediante ellas se fomenta la socialización, el trabajo en grupo y la responsabilidad individual y social, dado que los resultados obtenidos no son individuales sino del colectivo.

– El protagonista de la semana: cada semana un alumno es el protagonista del aula y tiene la oportunidad, junto a su familia, de explicar aquello que desee compartir junto a sus compañeros, como por ejemplo: cómo era de pequeño, qué gustos tiene ahora en la actualidad, quién es su familia, etc.

– Asambleas diarias, en las que se otorgue la oportunidad al alumnado de expresar sus sentimientos y hablar acerca de aquellos aspectos que considere relevantes de compartir.

– Los cargos del aula: cada semana se hace responsable a los alumnos de las tareas del aula como son: pasar lista, el tiempo, el maquinista y encargado de la cola de la fila, repartir materiales y almuerzos, los mensajeros. Estos cargos van cambiando semanalmente, de manera que todos los alumnos tienen responsabilidades dentro del aula.

– Resolución de conflictos de manera grupal. Graduar los conflictos mediante un semáforo que indica la situación del conflicto. Cuando este esté naranja será momento de debatir el grupo-clase la solución más adecuada, dando la oportunidad de participar a todos.

– Proyecto de educación emocional anual, mediante el cual se desarrollen las diferentes habilidades sociales necesarias para la convivencia. Este proyecto se ha de desarrollar de manera muy práctica, convirtiendo al alumnado en el propio constructor de sus emociones, autoconsciencia y regulación emocional.

– Lecturas de cuentos y visionado de vídeos con valores educativos.

– Juegos cooperativos en los que sea necesaria la participación de cada alumno.

c) **Estrategias con las familias**:

– Reuniones con las familias sobre la importancia de la socialización en la etapa de educación infantil y cómo fomentarla.

– Actividades de responsabilidad en el hogar, con el objetivo de reforzar las capacidades desarrolladas en el aula.

– Conferencias sobre el aislamiento en la etapa infantil.

Para desarrollar todas estas estrategias es necesario el uso de directrices básicas como son:

– Mantener una actitud contraria hacia determinados estereotipos y prejuicios sociales.

– Actitud abierta al intercambio de ideas y a la participación, al trabajo en grupo, a la crítica y a la autocrítica.

– Mantener actitudes y conductas coherentes y estables de tal forma que los niños puedan interpretar y predecir las intenciones y comportamiento.

– Actitudes tolerantes, no autoritarias animando a los niños a asumir responsabilidades de forma paulatina, recogiendo propuestas y críticas.

– Actitudes favorables hacia el trato con los niños, favoreciendo el acercamiento.

– Actitudes de respeto y confianza en el niño, posibilitando que exprese sus opiniones, pensamientos e intereses.

– Conocimiento de las características sociales, culturales y ambientales de la familia.

– Individualizar en las relaciones con los niños.

– Organizar el centro y el patio para potenciar el encuentro, el trabajo en grupo y el juego cooperativo.

– Establecer un ambiente distendido y un clima adecuado al encuentro y las relaciones.

– Fomento del diálogo como forma de resolución de problemas.

– Utilizar material estimulante, poco estructurado y asociativo.

– Mantener contacto permanente con la familia, actuar de forma coordinada e informar de alteraciones o problemas en las relaciones o el comportamiento de los niños.

En función de cómo se vaya desarrollando la situación se puede cambiar a otro tipo de actividades, como pueden ser juegos de mesa, parchís, cartas, dominó, etc.

3.3. Recursos

En este caso disponemos de bastantes recursos para el ocio; los centros deportivos y las salas en el centro pueden facilitar el trabajo.

Por otra parte son muchas las estrategias y técnicas que se pueden utilizar para mejorar la comunicación, pero debemos entender que no hay recetas mágicas y que lo que en realidad sirve es la propia originalidad y creatividad del profesional que realiza el trabajo.

3.4. Metodología

No hay un método a seguir, ya que el trabajo a realizar por parte del ATE está basado en el quehacer diario. Sólo es posible planificar el trabajo en función de los resultados inmediatos obtenidos. Por tanto, ha de ser un método flexible, adaptado a las circunstancias, que debe unificar muchos elementos de un gran proceso.

El trabajo a realizar parte del menor con el que se está trabajando, y, en función de las respuestas, se irá ajustando el programa de intervención.

Es importantísimo llevar una línea de acción conjunta con todo el equipo educativo, siendo el ATE uno más en la cadena, y debe coordinarse con el resto del equipo para llevar a cabo las actividades que se consideren necesarias.

3.5. Evaluación

Es necesario que el ATE evalúe periódicamente aquellos aspectos más significativos, por medio de cuestionarios o guías previamente establecidas y así controlar la evolución de los menores con los que interviene.

Generalmente se suelen establecer plazos de tiempo, en los que se lleva a cabo la puesta en común de los diferentes profesionales.

Una vez que el equipo considere que ha habido cambios significativos, sería conveniente plantear otra meta que se acerque más al objetivo último.

Nos encontramos en un Centro materno-infantil, en el que hay dos hermanos en situación de acogida menores de 4 años; llevan más de dos meses en el centro y no acaban de adaptarse a la situación. Está prevista la separación definitiva de su familia y la posibilidad de integración en otra. Usted es uno de los ATEs de este centro. ¿Qué medidas o programa de intervención podría llevar a cabo con los niños?

1. Evaluación inicial de la situación planteada

Se trata de un caso muy frecuente en los centros de acogida, y debemos tener en cuenta que la preparación de los niños para la acogida en otra familia es más fácil cuánto más pequeños son.

Es lógico pensar que ambos hermanos serán acogidos por la misma familia, ya que en caso contrario nos plantearía otro problema más (su separación) a la hora de intervenir.

Cabe decir que es poco probable que, debido al poco tiempo que llevan internados, hayan establecido apegos con algún ATE; éste es un punto a tener en cuenta.

2. Cuestiones a destacar

Partimos de la idea de que el niño de estas edades puede presentar una buena comunicación lingüística, al menos, inteligible. También puede llegar a expresar situaciones concretas relativas a sus emociones, lo cual nos dará una pista de trabajo.

Es importante transmitirle o hacerle llegar la idea de la adopción por parte de otra familia. Necesitarán mucha ayuda, es necesario que los chicos se sientan seguros y no estén desconcertados. Este proceso es bastante complejo, si tenemos en cuenta que hay que contar con ambas partes (los niños y la nueva familia).

El programa a desarrollar será llevado a cabo por varias personas, las cuales perseguirán un mismo objetivo, que cubra las necesidades de un verdadero programa de integración, además del desarrollo del apego hacia sus nuevos padres.

175

3. Desarrollo de un programa de intervención

3.1. Objetivo general

Conseguir un buen proceso de adaptación de los dos niños durante su periodo de internado y a su vez prepararles para una buena integración en la nueva familia.

3.2. Actividades a realizar

– Debemos tener en cuenta la corta edad de los niños, por lo que el centro ha de cubrir tanto las necesidades emocionales y afectivas, como las asistenciales.

– En todas las actividades que realice con los niños, el ATE intentará proporcionarles seguridad.

– Se programarán actividades lúdicas en las que el protagonismo lo tengan los niños. Poco a poco se les irá retirando el apoyo para que vayan adquiriendo autonomía.

– Siempre que los niños pidan ayuda, el ATE debe responder.

– En el tiempo de ocio y recreos, se les hará participar en los juegos (inicialmente con la compañía del ATE).

– Recreación de situaciones afectivas y de la vida familiar a través del juego simbólico.

– En los desplazamientos largos se les acompañará para que no se sientan solos.

– Se les animará a contar pequeñas historias.

– Se les motivará para que realicen dibujos.

– Se les contarán y leerán cuentos antes de dormir, por ejemplo de diversidad familiar.

– Fomentará su progresiva autonomía en el desarrollo de hábitos, lo que redundará en su seguridad y autoestima.

– Responder a sus dudas y preguntas de manera sincera y adecuada a su edad.

Es muy importante que todas las actividades se hagan con mucho cariño y delicadeza.

Otra tarea adecuada para llevar a cabo con los niños sería el establecimiento de las habilidades necesarias para relacionarse positivamente con otras personas, tales como las que plantean Hopson y Scally en *Habilidades para la vida*:

– Aprender a comunicarse eficazmente.

– Aprender a dar y pedir ayuda.

– Aprender a resolver pequeños conflictos.

– Aprender a recibir.

Las actividades para llevar a cabo en relación con la familia serán las planteadas por el equipo de terapeutas, los cuales establecerán una serie de pautas a seguir. Básicamente estarían relacionadas con:

– La implicación de los padres con el centro.

– Las visitas establecidas periódicamente.

– La preparación y educación de los padres.

– Lo que los padres han saber de los niños y viceversa.

3.3. Recursos

Nos vamos a centrar en recursos materiales, ya que los humanos se da por supuesto que existan en el centro materno-infantil.

Para adquirir una serie de habilidades es conveniente que en el centro se pueda disponer de:

– Espacios adecuados a las necesidades, que permitan el desarrollo de cualquier tipo de actividad.

– Las nuevas tecnologías nos pueden servir para acceder a la información y programas informáticos, juegos y todas aquellas actividades que posibiliten la adquisición de determinadas habilidades.

3.4. Metodología

La metodología y la intervención del ATE ha de hacerse en estrecha coordinación con otros profesionales muy necesarios en este caso como psicólogos o trabajadores sociales.

Se debe llevar a cabo un trabajo permanente; la preparación para la independencia y autonomía de los niños ha de ser un proceso largo.

Todas las personas que están implicadas en la vida de los niños deben participar en el programa, entre ellos la nueva familia, ya que puede aportar apoyos.

Ante la rutina constante que aparece día a día, es necesario establecer variaciones y adaptarlas en la medida de las posibilidades, e intentar no caer en la monotonía.

En consecuencia, se establecerá una metodología activa en todas las áreas que se vayan planteando.

3.5. Temporalización

No existirá un tiempo previamente establecido, ya que depende de factores ajenos al programa. Por lo tanto, trataremos de ver la evolución semanalmente y, vistos los resultados, se determinarán las consecuencias inmediatas a tomar.

3.6. Evaluación

Es importante evaluar todos los aspectos del programa:

– Se ha de evaluar todo el centro a nivel global: coordinación entre todo el personal, funcionamiento, instalaciones, etc.

– Evaluar el grupo donde se encuentran los niños: relaciones establecidas, actividades realizadas, etc.

– Evaluar la tarea educativa llevada a cabo por todas y cada una de las personas que han trabajado con los chicos.

– Finalmente, evaluar a los niños: valorar su evolución, las relaciones establecidas, etc.

Una vez realizada la puesta en común de todo el equipo disciplinar, se replanteará el nuevo programa de intervención.

Usted es el ATE de un Centro específico de diversidad funcional motórica. Por motivos de programación, tiene que acompañarles a una excursión que se va a hacer la próxima semana a otro centro similar, donde se va a realizar una convivencia. Deberá ayudarles en el traslado y desplazamiento de los niños, así como también vigilar y cuidar de aquellos que tengan otras necesidades.

Establezca un programa de intervención para la excursión que durará un día.

1. Evaluación inicial de la situación planteada

Se nos plantea como actividad una pequeña excursión, en la cual el ATE realizará una labor de apoyo; su programa de intervención le vendrá dado.

2. Cuestiones a destacar

Si tenemos en cuenta las diferentes funciones del ATE, en esta actividad las labores a realizar serán más bien de tipo asistencial, acompañamiento y supervisión de su seguridad y atención a necesidades.

3. Desarrollo del programa de intervención

Una salida extraescolar requiere una planificación por parte de todos los implicados que contempla actividades previas, durante la salida y posteriores.

Actividades antes de la salida:

– Determinar quiénes nos van a acompañar (padres y profes).

– Determinar cómo se van a organizar los niños: por parejas, en fila…

– Redactar la circular para los padres (hora, día, necesidades, autorización para la excursión y para salir en las fotografías, lugar…).

– Determinar el lugar, visitarlo y/o recaudar información sobre el mismo.

– Determinar el medio de transporte: a pie o en bus.

- Aspectos presupuestarios: quiénes nos pueden ayudar, niños que tengan dificultades para poder ir a la actividad.
- Elaborar algún tipo de identificación para los niños.
- Preparar un listado de infantil de la familia (teléfonos).
- Protocolo de actuación de emergencias.
- Reunión con el equipo de ciclo para poderlo reflejar en la PGA al inicio de curso.
- Pequeño botiquín.
- Prever la situación de necesidades: dónde hacer pipí, caca…
- Prever una mochila con excedentes: protector, mudas, agua…
- Prever las necesidades específicas: alergias, intolerancias…
- Planificar qué se va a hacer con los niños que se quedan en el colegio.
- Ver la autorización firmada.
- En el caso del niño con diversidad funcional motora, habremos valorado si precisa de adaptaciones de acceso, su movilidad, elementos de desplazamiento u ortopedia que estarán previstos previamente a la salida.

Actividades durante la salida:

- Ir cumpliendo los horarios establecidos.
- Supervisar la presencia y la seguridad de los niños.
- Intercambiar información con el resto de profesores (¿va bien?, ¿todo correcto?).
- Contactar con los monitores y que nos den instrucciones.
- Satisfacer las necesidades de los niños que vayan ocurriendo durante la visita.
- Evaluación continua para poder realizar cambios en las relaciones, horarios, si es necesario…
- Antes de volver, recuento de niños.
- Atender las necesidades de movilidad, higiene, esfínteres o alimentación.

Actividades después de la salida:

- Verificar con los profesores que han salido: objetivos, organización…
- Redactar propuestas de mejora de la actividad extraescolar.
- Recaudar información a partir de la comunicación con los padres (informal).
- Subir las fotos a la web del centro.

Para ello, y con suficiente antelación a la realización de la actividad, tendremos una reunión del equipo de trabajo, para poner en común todos los puntos del programa.

Vamos a salir de excursión, lo cual requiere desde un primer momento llevar una ropa cómoda. El ATE de la mañana o, en su caso, las familias correspondientes, les habrán ayudado en sus necesidades básicas.

El ATE ayudará en las labores de subida al autobús, ya que se trata de niños con discapacidad motórica.

Una vez que estén todos los niños correctamente colocados, y con todos los accesorios necesarios, se partirá hacia el lugar acordado.

Se trata de una excursión no muy lejos, a otro centro similar, y como tal dispondrá de salas preparadas para estos niños (gimnasios, piscinas, etc.) y con aseos y comedores adaptados.

Una vez que lleguen al lugar indicado, el Auxiliar ayudará en las tareas de bajada del autobús y en el aseo de los niños que lo necesiten.

En los lugares de recreo, que han de estar perfectamente adaptados, hemos de tener siempre presente:

- La seguridad y el acceso a ellos.
- Establecer algunas destrezas para la consecución de determinados ejercicios. Es aquí donde el ATE se ha de implicar bastante.

A medida que transcurre el tiempo nos acercaremos a la hora de la comida. Aquellos niños que tienen una determinada autonomía, no necesitarán ayuda aunque sí supervisión, en cambio hay un pequeño grupo que será dependiente. Se llevarán al lugar asignado del comedor, para darles la comida adecuadamente; a determinados niños se les dará la medicación correspondiente.

El menú ya estará establecido. Para favorecer la alimentación de cada niño debemos de tener en cuenta:

- Tener un buen conocimiento de los órganos fonatorios, deglución, tono, masticación, etc. Hay ocasiones en las que se debe trabajar la zona bucal, para mejorar la succión y la deglución; a veces también es necesario trabajarle la barbilla con los dedos haciendo una determinada presión.
- La autonomía de los niños, es uno de los objetivos a perseguir, no obstante en muchos casos siempre van a depender de un ATE.
- Es muy importante la postura de la persona con discapacidad: a través de las orientaciones del fisioterapeuta conoceremos las posturas que facilitarán mejores movimientos, al igual que una mejor coordinación para coger los utensilios. El Auxiliar se ha de colocar delante del niño, siempre de abajo hacia arriba.
- Todos los útiles de alimentación, si el caso lo requiere, serán adaptados.
- Una vez finalizada la comida, es necesario acostumbrarles a lavarse, además de los dientes, las manos y la cara.

Una vez aseados y satisfechas sus necesidades fisiológicas, comienza una nueva jornada que durará parte de la tarde.

A partir de este momento la programación de la excursión sigue su curso, todos los niños pasan a realizar actividades complementarias tales como: audiciones musicales, actividades teatrales, talleres adaptados a sus discapacidades, etc. El Auxiliar será uno más y prestará apoyo donde sea necesario.

Media hora antes de la salida, se ordenará a los niños y se ocupará de que tengan cubiertas sus necesidades. A continuación, se irán colocando en el autobús.

Cuando lleguen a su destino, el Auxiliar presentará el registro de las actividades llevadas a cabo durante el día, para que se añada a los del resto de la semana. Sería conveniente que se informase a los padres del menú del día.

En cuento a **la temporalidad**, se trata de una jornada escolar.

La metodología aplicada es más bien activa, experiencial, que ofrece gran variedad de estímulos a través del entorno.

Es interesante que **las actividades** a desarrollar sean muy variadas, y no se sientan marginados en ningún momento.

La evaluación por tanto ha de ser continua, abierta y flexible.

Se ha de hacer mucho hincapié en qué evaluar, cómo y cuándo evaluar, ya que las necesidades educativas que estos niños presentan requiere de un análisis más exhaustivo.

Existen diversas tipos de pruebas estandarizadas, aunque no siempre es fácil su aplicación; lo más importante es establecer contacto con los niños para conocer sus posibilidades.

Es necesario realizar las valoraciones en momentos relajados.

Finalmente se intentará dar un resultado, bien de avance o retroceso, siempre viendo las fases inicial y final del niño.

Otras sugerencias para el supuesto planteado

A la hora de llevar a cabo actividades con niños que presentan una diversidad funcional motórica, es importante tener en cuenta lo siguiente:

- – Desarrollar la autonomía para cubrir las necesidades básicas.
- – Tratar de instruir al niño con conductas que tienden a la normalización.
- – Desarrollar actitudes positivas hacia sí mismo y hacia sus iguales.
- – Llegar a desarrollar una autonomía lo más completa posible.
- – Desarrollar la estimulación multisensorial.
- – Ante conductas disruptivas establecer pautas de modificación de conducta.

Todas estas sugerencias requieren de algunas estrategias coordinadas y llevadas a la práctica por todas y cada una de las personas que trabajan con los niños, se trata de una labor en equipo.

Nos encontramos en un centro de enseñanza ordinaria, y hay una niña en educación infantil de 6 años, con Síndrome de Down. Este curso se queda a comer en el colegio, pero aún no sabe comer de forma autónoma. Todos los días y a la hora de comer plantea rabietas porque no quiere comer sola. Es necesaria la intervención de un ATE, para iniciarle en este aspecto.

Usted es el ATE que la va atender. ¿Cómo iniciaría su programa de intervención?

1. Evaluación inicial de la situación planteada

Parece ser que la niña con la que vamos a trabajar presenta unas determinadas conductas a la hora de comer. Le gusta que le den de comer y se siente cómoda.

Cuando se presenta en el comedor se pone muy ansiosa, con pataleos y llora cada vez más fuerte. Le da igual sentarse sola que con sus compañeros.

Se ha llevado a cabo una evaluación con la familia y hemos obtenido los siguientes datos: no parece presentar ningún trastorno fisiológico que le impida comer. Todos los comportamiento que realiza parecen estar dentro de la normalidad, únicamente es en el comedor donde se muestra así.

2. Cuestiones a destacar

Hemos de destacar, en primer lugar, que la niña no padece trastorno alguno para poder comer sola, lo cual nos permite establecer nuestro programa de intervención, ya que puede permanecer sentada, puede masticar, retener el alimento, únicamente necesita manejar los útiles de comer. También hay que recordar que en su casa, es la mamá quien le da de comer.

La aplicación del programa será en el comedor del centro, aunque también los padres tendrán que ponerlo en práctica en casa.

Una cuestión a tener en cuenta sería que se trata de una niña con Síndrome de Down, lo cual implica un logro en la motricidad fina, ya que suelen realizar movimientos poco precisos y con poca fuerza.

3. Desarrollo del programa de intervención

3.1. Objetivo

Conseguir que la niña coma autónomamente.

3.2. Actividades

Para ello utilizaremos algunas pautas de aprendizaje, a ejercitar también por parte del profesor tutor y de apoyo, que se han de implicar en todo el proceso:

- – Realizar ejercicios de coordinación manual.

- – Mantener el tono postural.

- – No derramar las cosas de las manos; apretar con fuerza.

- – Disociar los movimientos de la muñeca del resto del brazo.

Sería importantísimo que el profesor la ejercitara en psicomotricidad fina para llegar a una correcta presión de dedos y manos, ya que de ello depende si queremos que utilice la cuchara y el tenedor.

Iniciaremos las actividades con el uso del tenedor, que resulta más fácil de manejar y existe menor riesgo de derramar el contenido, después pasaremos al uso de la cuchara y finalmente del cuchillo.

Aparte de todas aquellas que realizaría en el aula, el ATE tendría que llevar a cabo los siguientes pasos:

- – Le indicará verbalmente cómo ha de coger la cuchara y se lo mostrará.

- – Primero el ATE le llena la cuchara, se la da y la vuelve a poner en el plato.

- – Una vez que tiene la cuchara en la boca, ha de ser la niña la que la coja y la ponga en el plato.

- – El Auxiliar le llevará la mano en repetidas ocasiones, y ella solamente la sacará y la colocará en el plato.

- – Cuando la comida sea difícil de cargar en la cuchara se intentará que lo haga con menos alimento.

- – Finalmente la niña intentará realizar todo el proceso ella sola.

Todos estos pasos han de ser llevados a la práctica progresivamente, con apoyos verbales.

Además asociaremos el proceso con aspectos importantes para los niños de esta edad como asociarlo a "ser mayor", a "comer solo"…

Usaremos modelos y reforzaremos los logros. Seremos flexibles, pero sin ceder totalmente a sus demandas.

Extenderemos el trabajo no solo al proceso de manejo de cubiertos sino a toda la alimentación autónoma en su conjunto, es decir, beber, usar servilletas y en general cumplir todas las normas de higiene y civismo relacionadas con la alimentación.

Daremos seguridad emocional, pues el momento de comer se vincula a dinámicas familiares, evitando que la niña eche de menos a sus apegos más estrechos de la familia.

La intervención requiere necesariamente de la colaboración de la familia en el fomento de la autonomía y abandono de proteccionismo, que merma su desarrollo y la hace dependiente.

3.3. Recursos

Contaremos en el comedor con las mesas y sillas adecuadas para su edad. Los utensilios a utilizar no serán los del adulto, ya que son muy grandes y le supondrían una verdadera dificultad.

Al principio del programa la niña se sentará con niñas de su edad autónomas para comer, para que vea que no supone mayor dificultad.

En cuanto a las comidas, utilizaremos aquellas que le faciliten la carga de la cuchara y que, a la vez, sean de su agrado.

3.4. Temporalización

Estableceríamos un periodo de tiempo quincenal, ya que los progresos en este tipo de casos suelen ser muy lentos y a largo plazo.

3.5. Metodología

El método que se empleará consiste en la utilización de una serie de técnicas, tales como:

- Instrucción verbal: constantemente estaremos dirigiéndole el proceso.
- Refuerzos positivos: se le reforzará por medio de halagos y ayudas.
- Modelado.
- Aproximaciones sucesivas.

En ocasiones, y sobre todo al principio del proceso, intentaremos relajar a la niña, ya que si se muestra nerviosa puede que no consigamos nuestro objetivo.

Como se puede apreciar, se trata de una metodología totalmente activa, muy dirigida y personalizada, la cual requiere de determinadas habilidades y destrezas para conseguir el objetivo planteado.

A medida que avanza el tiempo, el ATE se va ir retirando poco a poco, al igual que los apoyos y refuerzos.

3.6. Evaluación

Se establecerá un programa de seguimiento semanal a través del establecimiento de un protocolo, y posteriormente se llevará a cabo una puesta en común mensual de todas las personas que han intervenido en el programa.

En el caso de que los resultados sean positivos, se redactará un informe final; en caso contrario, continuaremos trabajando en la misma línea.

Modelo de registro

Nombre:..

Fecha:..

Menú del día:...

	Lunes	martes	miércoles	jueves	viernes
Come sola					
Come con pequeña ayuda					
No come sola					
Actitud mostrada Positiva/pasiva/ negativa					

SUPUESTO N.º 6

Nos encontramos en un centro de acogida para niños menores de 6 años. Recientemente ha llegado un niño de unos tres años, con una discapacidad media, que no tiene autonomía para vestirse y desvestirse. No tiene adquiridos aún los hábitos básicos de un niño de su edad. Tiene un considerable desfase a nivel motriz.

En principio se le ha asignado un ATE que le ayude a vestirse y desvestirse. Supongamos que a usted le ha tocado esta función. ¿Cómo llevaría a cabo su programa de intervención?

1. Evaluación inicial de la situación planteada

Se trata de un niño que no tiene la suficiente autonomía para vestirse y desvestirse, al igual que otras necesidades básicas, a las que no prestaremos atención en este momento.

Partimos de cierto retraso a nivel motriz, aunque no debe ser determinante, teniendo en cuenta que el niño solo tiene 3 años.

Es importante desarrollar un programa para que el niño adquiera el hábito de vestirse, pues pronto tendrá que asistir al colegio.

2. Cuestiones a destacar

Según su informe, el niño procede de una familia de nivel económico bajo, marginal, es el tercero de los hermanos, y su madre no parece haberse preocupado mucho por él.

En general su comportamiento es bueno, es un niño bastante lento en sus movimientos.

Es muy observador e imita perfectamente; sigue las instrucciones que se le dan. Posee bastante capacidad de aprendizaje para adquirir la técnica que vamos a desarrollar. Suele ser bastante agradecido y cariñoso.

3. Desarrollo del programa de intervención

3.1. Objetivo general

Enseñar al niño a quitarse y ponerse prendas de vestir.

Objetivos específicos

– Utilizar un vocabulario adecuado.

– Conocer el lugar donde están las prendas.

– Realizar correctamente los diferentes tipos de abroches.

3.2. Actividades

Primero intentaremos vestir y desvestir muñecos. Empezando por la ropa interior y después por la exterior; se le irá indicando poco a poco y se le reforzará positivamente.

Usaremos también recortables y figuras de ropa removibles sobre dibujos para aprender el orden de las prendas.

Usaremos bastidores de abroches comenzando por los más sencillos (velcro, cremallera, botones, corchetes).

Entrenaremos destrezas motrices implicadas como meter o sacar segmentos corporales (piernas en pantalones, brazos en mangas, camisetas por la cabeza) y otras de acoplamiento de la ropa como subir o bajar, abrir o cerrar.

Cuando haya adquirido destreza comenzamos con su propio cuerpo. Deberá usar prendas amplias y fáciles de colocar, sin botones, sin cremalleras.

Para aprender a ponerse el pantalón se aplicarán las siguientes pautas:

– Se le indica por dónde debe coger el pantalón y se le ayudará a ponérselo; a medida que transcurre el tiempo lo irá haciendo solo.

– Esta operación la hará repetidas veces, hasta que la domine.

– Es conveniente que coja el pantalón por la cinturilla y se siente para poder meterlo mejor. Le ayudaremos a colocarse las manos en el pantalón y se lo indicaremos verbalmente, para que él lo repita a su vez.

– Una vez sentados en el suelo se sacarán los dedos del pantalón y posteriormente se colocarán las zapatillas, las cuales no llevarán cordones.

Después pasaremos a la chaqueta del chándal:

– Se le ayuda a meter la primera manga y después la segunda.

– Dejar que él solo intente el mismo proceso. Será conveniente que las mangas de la chaqueta estén derechas.

– Cada vez que realice bien la actividad se le irá reforzando positivamente.

Estas actividades se llevarán a cabo aprovechando el momento en que tenga que vestirse, ya que puede llegar a fatigarle el proceso y cansarle.

En el caso de que duerma la siesta también se puede aplicar el mismo proceso.

En un principio se procurará utilizar ropa cómoda (tipo chándal) y de fácil abroche.

3.3. Recursos

Se utilizarán muñecos que le sean simpáticos al niño: sus propios juguetes.

Se utilizará ropa cómoda, sobre todo chándal y pantalones con goma en la cintura.

3.4. Metodología

Se usará un método activo, con constantes apoyos verbales: "Tú debes hacer…", "Mira cómo se hace…", etc.

Se emplearán como refuerzo positivo constantes halagos, ya que le encantan y es un niño muy agradecido.

Tendremos en cuenta la imitación a través de otros compañeros del centro.

Se utilizarán como modelos los pequeños muñequitos que son de su agrado.

Seguiremos las mismas pautas de forma coordinada con la familia.

3.5. Temporalización

Se establecerá una temporalización mensual ya que los avances son muy lentos y ha de aprender a vestirse no solamente con prendas fáciles, sino también las difíciles.

3.6. Evaluación

Se pueden llevar a cabo observaciones directas por parte del ATE, al igual que establecerse un protocolo de recogida de datos como el que sigue, para cada prenda.

Nombre:..

Fecha:..

	Lunes	martes	miércoles	jueves	viernes
Abrocha y desabrocha velcro ☺☺☹					
Abrocha y desabrocha cremalleras ☺☺☹					
Abrocha y desabrocha botones ☺☺☹					
Abrocha y desabrocha corchetes ☺☺☹					
Se viste solo El pantalón					
Se viste con ayuda El pantalón					
Se desviste solo El pantalón					
Se desviste con ayuda El pantalón					
Se viste solo Chaqueta					
Se viste con ayuda Chaqueta					
Se desviste solo Chaqueta					
Se desviste con ayuda Chaqueta					
Se viste solo Camiseta					
Se viste con ayuda Camiseta					
Se desviste solo Camiseta					
Se desviste con ayuda Camiseta					

Conteste a las siguientes cuestiones:

a) Usted es ATE de un centro específico de Educación Especial. Entre los casos en los que tiene que intervenir se encuentra un niño de 8 años con lesión medular a nivel lumbar. Dada esta circunstancia, su movilidad es muy reducida desplazándose en silla de ruedas eléctrica. Enuncie las medidas generales para prevenir la aparición de las úlceras de inmovilización.

b) Niño con lesión medular con deficiente control de esfínteres. Señale las directrices para su abordaje desde el papel del ATE.

c) Usted como ATE debe desplazar a una persona en silla de ruedas. Enuncie los principios generales para su manejo.

d) Enuncie, como ATE, las directrices principales para la alimentación en un niño con lesión medular.

Solución al supuesto n.º 7

a) Las zonas de máxima presión y apoyo son las que tienen mayor riesgo de que aparezcan las úlceras. Por ello, es necesario:

- Incorporarse de la silla con pulsiones frecuentes para evitar la presión en los glúteos, realizar maniobras como poner la silla en dos ruedas o inclinaciones laterales con flexión hacia delante, etc. Si el niño no puede pulsarse, seremos nosotros quienes procedamos a realizar esta maniobra.

- No debe permanecer en una postura más tiempo del recomendado. Lo ideal es que varíe su postura con mucha frecuencia, algo que fácilmente se olvida mientras está en clase.

- Observar que no esté apoyado sobre objetos duros como llaves, mecheros, costuras o arrugas de la ropa, ni sobre superficies mojadas o húmedas.

- Evitar fuentes directas de calor o frío intensos que pueden producir quemaduras (estufas, radiadores, bolsas de agua caliente o de hielo, fondos de la bañera calientes, macarrones metálicos, comida caliente sobre las piernas, etc.).

- No debe apoyar nunca una zona previamente dañada o enrojecida.

- Procurar que no lleven calcetines con elástico fuerte que les haga un efecto de liga, o sistemas para sujetar la bolsa de orina en la pierna que les oprima porque favorecen los edemas en los pies y en las piernas.

b) Si no tienen control de esfínteres para orinar y/o defecar, habrá que estar provistos en el colegio de material suficiente para superar cualquier situación.

La alteración de su alimentación puede modificar el ritmo de eliminación de orina y/o heces. En principio, pueden comer de todo, pero con moderación. Si abusan de comidas flatulentas (coles, legumbres, etc.) puede tener molestias por los gases que producen, sobre todo por la dificultad o situación inconveniente para su expulsión.

Siempre es conveniente tomar líquidos abundantes no estimulantes, para aumentar la producción de orina y la acción de "barrido" de ésta al salir, pero hay que adecuar la cantidad de líquidos que se toma, con la conveniencia del momento para orinar.

Para vaciar totalmente y de forma periódica su vejiga, una gran mayoría realiza maniobras de "estimulación", como pueden ser golpecitos donde está la vejiga o la presión arriba y abajo de la vejiga, o mojar los dedos en agua, etc. Algunos, al tener incontinencia urinaria y para no estar continuamente mojados, a veces recogen la orina por medio de un pañal de incontinencia o de un colector hasta una bolsa de pierna (varones). Otros, realizando o no estas maniobras, se sondan frecuentemente y hay otros que llevan continuamente puesta una sonda vesical y no deben realizarlas.

Para los que llevan sonda permanentemente y necesitan vaciar su bolsa de orina de pierna, hay que destacar la gran importancia de realizarlo de una forma limpia para evitar los riesgos de infección.

c) Cuando llevemos o desplacemos a alguien en una silla de ruedas es muy importante prestar atención y confirmar que la sedestación de la persona es estable, de esta manera evitaremos accidentes y caídas. Muchas personas que utilizan silla de ruedas tienen un deficiente control de su equilibrio postural, que se suele suplir con unas cinchas, generalmente de velero, que lo mantienen equilibrado.

Si vamos a ayudar a una persona a levantarse de la silla, debemos cerciorarnos de que los frenos estén seguros, y de igual manera, antes de comenzar a empujar la silla debemos asegurarnos de que los frenos estén libres.

Para iniciar maniobras de subida y bajada de escaleras o de otro tipo, no debemos coger una silla por los reposabrazos ni por los reposapiés, pues son partes desmontables de la silla, y al no ser elementos fijos podemos provocar una caída.

Al empujar la silla podemos establecer dos tipos de marcha:

– Marcha normal: es la que se realiza con las cuatro ruedas sobre el suelo.

– Marcha "en caballito": marcha que se realiza apoyando tan sólo las ruedas traseras, guardando el equilibrio sin apoyar las delanteras. Permite sortear obstáculos y la deambulación por todo tipo de terrenos irregulares.

d) En lo referente a la alimentación, el ATE debe ayudar a aquellos alumnos con discapacidad que no puedan movilizar adecuadamente las extremidades superiores, teniendo que inculcar hábitos dietéticos apropiados. En estos casos, debe insistirse en un tipo de alimentación con dietas ricas en fibra vegetal (por problemas de estreñimiento derivados de la inmovilización), así como en el uso de dietas hiperproteicas para conseguir una masa muscular apropiada.

1. Hábitos y técnicas de alimentación

Es importante para el ATE saber de qué nivel se parte con cada niño, con el objeto de preparar las herramientas que se van a necesitar.

En primer lugar, debemos conocer los déficit motóricos de los órganos fonatorios, digestivos y de la respiración (deglución, tono muscular, babeo, masticación, estado de dientes y encías...). A veces ocurre que los músculos de la masticación no funcionan correctamente, por lo que hay que controlar la mandíbula. Para conseguirlo, se le coge la barbilla procurando hacer cierta presión, permitiendo así el funcionamiento de la lengua y una deglución normal. Se ha de procurar que la cuchara no toque los dientes o el labio superior, y que cierre la boca para mantener la lengua dentro. El tipo de dieta ha de ser rica en fibra, con alimentos blandos y de texturas diferentes.

Otro aspecto importante en la alimentación del niño con discapacidad motórica es conocer el control postural que posee. En un tetrapléjico, por ejemplo, hay que valorar si está cómodo, bien sentado y relajado. El ATE que le ayuda debe estar sentado a su altura, evitando que la cabeza se mueva y pueda atragantarse; la comida se le debe dar de frente, ya que esto favorece la colocación apropiada de la laringe; la mirada del niño ha de estar dirigida hacia abajo cuando se le da el alimento o bebida.

A los niños con discapacidad que puedan comer solos, se les ha de facilitar esta actividad colocándole la mesa a una altura que le permita apoyar los codos, ya que esto favorece la coordinación mano-cara, intentar que mantengan los pies fijos y que esté sujeta la mesa.

2. **Adaptación de utensilios necesarios para la alimentación**

– Platos: la base sobre la que se apoya el plato ha de ser antideslizante; se puede fijar el mismo mediante ventosas. Se suelen utilizar platos con rebordes para evitar que se caigan los alimentos.

– Cubiertos: se puede aumentar su grosor, fijarlos a las manos, o bien mantener diferente ángulo del mango respecto a la parte superior del cubierto, no han de ser puntiagudos para evitar que causen lesiones.

– Vasos: han de ser de plástico y de pequeño calibre, con asas bilaterales. Es necesario que se fijen a la mesa mediante ventosas. En caso de que el deficiente no pueda manejar el vaso, se utilizará este con una paja.

A continuación se describe un caso clínico. Debe determinar y justificar, atendiendo a los signos que se presentan, de qué tipología se trata. Enuncie, así mismo, las directrices de la intervención.

Niña de 4 años con analíticas y pruebas exploratorias normales desde el punto de vista orgánico. En los primeros meses no se apreciaron signos de patología en el desarrollo. Las primeras conductas exploratorias y manipulativas se realizaron con normalidad aunque sus padres describen una cierta torpeza o inmadurez para su edad sobre todo a partir de los dos años.

Su lenguaje es muy primario utilizando términos básicos para satisfacer necesidades primarias, no participa de intercambios comunicativos con motivación ni competencia adecuada a su edad. Se muestra ausente, poco social y ensimismada.

Su talla y peso corporal son inferiores a los que corresponden por su edad cronológica.

Su motricidad está también afectada mostrando problemas posturales y significativo retraso en habilidades psicomotoras gruesas y finas.

Solución al supuesto n.º 8

Por los signos descritos parece tratarse de un Síndrome de Rett.

Apoyan este diagnóstico el sexo (sólo se da en mujeres), el aparente desarrollo normalizado en los primeros meses y el retraso del desarrollo y estancamiento de funciones y habilidades a partir de los dos años.

Presenta casi todos los signos propios del síndrome como alteraciones comunicativas y psicomotoras.

Describimos a continuación las características específicas del síndrome.

El Síndrome de Rett es de causa desconocida, pero casi con seguridad se trata de un trastorno cerebral, motivo por el cual se le puede incluir también entre las encefalopatías progresivas. Fue descubierto por primera vez en 1966 por el Doctor Andreas Rett.

- La niña con síndrome de Rett se sienta, come y usa las manos a la edad normal.

- El comienzo del lenguaje oral varía de unos casos a otros, pero está deteriorado.

- Hasta la fecha no existen marcadores biológicos para identificar el síndrome por lo cual el diagnóstico depende en buena medida de la información sobre el desarrollo de la niña.

- Las niñas son aparentemente normales hasta los 6 u 8 meses de vida, a pesar de que una hipotonía muscular y un discreto retraso en las adquisiciones pueden ser observados en alguna ocasión.

- Sin embargo, es normal que hayan adquirido la prensión voluntaria e incluso la prensión fina con la pinza pulgar-índice.

- Entre los 6 y 36 meses (más frecuentemente antes de los 18 meses), surge una ruptura en los procesos de desarrollo: las adquisiciones se paralizan y el comportamiento se modifica.

- Pérdida de la utilización voluntaria de las manos entre los 6 y los 30 meses, junto con un deterioro de la capacidad de comunicación y comportamiento social.

- Estereotipias manuales de torsión/presión, golpeteo/palmoteo, frotamiento/lavado de manos con pérdida de las actividades manuales voluntarias.

- Aparición de una apraxia (alteración) de la marcha entre el 1.er y el 4.º año.

- Diagnóstico de certeza realizado a partir de los 2 a 5 años.

Existen, además, otros criterios diagnósticos de apoyo para tener la certeza de que se trata de este síndrome:

–   Apneas y alteraciones de la respiración, como hiperventilaciones intermitentes, expulsión brusca de aire.

–   Anomalías eletroencefalográficas.

–   Espasticidad frecuentemente asociada a una atrofia muscular.

–   Alteraciones vasomotoras a nivel de extremidades (pies fríos).

–   Escoliosis.

–   Retraso en el crecimiento.

–   Mantenimiento postural mediocre.

En cuanto a las directrices de la intervención, la terapia musical ha sido utilizada con éxito en Europa desde 1972, fundamentalmente para comunicarse, y para potenciar las relaciones sociales de estas niñas.

Es beneficioso erradicar en la medida de lo posible las estereotipias manuales y ayudar a fijar la atención y el contacto visual como en el caso de niños con trastorno del espectro autista (TEA).

Para los problemas motores y físicos es recomendable el tratamiento de fisioterapia lo más precoz e intensivo posible para prevenir escoliosis, pie equino, rigidez, y para favorecer la movilidad.

En general, se recomienda la estimulación lingüística, social, cognitiva y motriz.

Enuncie brevemente las condiciones organizativas a nivel de centro y aula para el alumno con trastorno del espectro autista.

Solución al supuesto n.º 9

La organización del centro se fundamenta en la introducción de los cambios organizativos necesarios para trabajar con estos alumnos, y por tanto debe existir cierta flexibilidad en la organización de espacios y tiempos.

Todas las medidas que se propongan se contextualizarán y secuenciarán las NEE de este grupo en acciones concretas, del tipo de:

- Crear ambientes muy estructurados.

- Educación con ratios pequeñas (la legislación española sobre educación especial establece para este caso entre 3 y 5 niños).

- Actitud directiva por parte del educador.

- Necesidad de situar los objetivos educativos en un contexto evolutivo, pero siendo lo suficientemente flexible como para facilitar adaptaciones posteriores.

- Las condiciones estimulares del ambiente deben adecuarse a las nuevas necesidades.

- Las consignas, señales e instrucciones deben darse sólo después de asegurar la atención del niño.

- Estos alumnos requieren pautas de aprendizaje basadas en el modelo de "aprendizaje sin error".

- Deben preverse programas específicos de refuerzo.

Debemos trabajar en el aula la interacción y la comunicación con sus compañeros para conseguir mejorar su desarrollo social.

También es importante crear un clima del aula que favorezca la comprensión y el respeto a las diferencias.

Las técnicas de trabajo cooperativo están especialmente indicadas, así como la enseñanza autorizada. Finalmente es muy recomendable reducir la ratio y garantizar un alto grado de coordinación entre los diferentes profesionales que intervengan.

A continuación se describe un caso de un alumno con discapacidad intelectual. Debe establecer directrices para su abordaje educativo.

Marcos es un niño de nueve años de edad cronológica que asiste al aula específica de educación especial ubicada en un centro ordinario de Educación Primaria, en régimen de integración. El aula tiene 12 alumnos, de los que habitualmente asisten 8 o 9 y está a cargo de una maestra de pedagogía terapéutica, asistida por un ATE.

Los informes psicológicos lo diagnostican como alumno con discapacidad intelectual profunda (CI < 20) y la Guía Portage que se pasó en colaboración con la madre proporcionó los resultados siguientes en cuanto a sus niveles evolutivos.

– Área de socialización: 2-3 años.

– Área de lenguaje: 0-1 años.

– Área de autoayuda (autonomía personal): 1-2 años.

– Área sensoriomotriz: 2-3 años.

– Área cognitiva: 1-2 años.

La evaluación psicológica se complementó con informe médico que resultó negativo respecto a un posible déficit de minerales como causa de la conducta pica. El informe médico también señalaba como normal su funcionamiento metabólico.

Solución al supuesto n.º 10

Toda intervención se inicia con una evaluación pormenorizada del alumno, por ello se realizará una exploración de carácter general que incida en aquello que Marcos necesita aprender, porque no ha sido adquirido en sus aprendizajes anteriores, y en los prerrequisitos necesarios para que pudiera realizar dichos aprendizajes.

Se incluirán, asimismo, aquellas conductas que, estando ya presentes, precisen bien ser incrementadas en su frecuencia, intensidad o grado de generalización (ejecutarlas en contextos y tiempos adecuados), o perfeccionarlas en su ejecución.

La finalidad de esta primera evaluación general nos permitirá confeccionar un programa de intervención apoyado en un estudio de sus mínimos comportamentales y evaluar los recursos con los que podremos contar a la hora de montar dicho programa de intervención.

Con esta exploración podremos conocer:

– El repertorio de destrezas básicas mínimas que necesita para poder iniciar cualquier tipo de aprendizaje mediado, y el estado actual, tanto de sus conductas motoras finas como gruesas.

– Explorar lo que sabe hacer: sentarse, escuchar y trabajar en una tarea; señalar, emparejar y nombrar objetos, y conseguir recompensas naturales por medio del contacto ocular o de señalamiento.

– Averiguar sus posibilidades de obtener provecho del aprendizaje en el uso funcional del lenguaje y en la realización de tareas domésticas y de autonomía personal.

– Disponer de datos sobre las conductas que deban ser reducidas o sustituidas por otras, porque son incompatibles con las que facilitan los procesos de enseñanza-aprendizaje, al margen de pica (por ejemplo, rehuir en lugar de solicitar).

La intervención se realizará en la clase (actividad estructurada), en el patio de recreo (actividad libre) y en la casa del niño (evaluando sus conductas y participando de los programas de entrenamiento y modificación conductual). En casa serán los padres quienes, previo entrenamiento de la madre, lleven a cabo estas tareas.

Las directrices serán:

– El entrenamiento en habilidades de comunicación.

– Desarrollo de habilidades instrumentales básicas.

– La disposición del ambiente físico.

– Entrenamiento de habilidades de autonomía encaminadas a la consecución de hábitos de alimentación e higiene básicamente.

Los objetivos planteables son los siguientes:

– Desarrollar su autonomía personal:

   * Hábitos de alimentación: enseñarle a coger la cuchara y el tenedor, ayudándole a colocarla en la boca. Desarrollar el hábito de succión y de buena masticación.

   * Hábitos de higiene: se le ha de indicar cómo ha de utilizar el retrete y cómo se ha de limpiar al terminar; después debe enseñársele el uso de la cisterna.

   * Hábitos de vestido: hay que enseñarle a cooperar cuando se está vistiendo, ayudarle a que él mismo realice las tareas. Para ello se han de utilizar prendas de vestir sencillas.

Como educador, usted participa de forma directa en la creación de hábitos de alimentación y asiste técnica y funcionalmente al alumno con discapacidades que dificultan o impiden la alimentación correcta y autónoma. Enuncie las directrices de actuación del ATE en el ámbito alimenticio.

Solución al supuesto n.º 11

Las técnicas que se han de usar para el aprendizaje de hábitos correctos de comida requerirán una enseñanza ambivalente, es decir, tanto por parte de la familia como por parte del ATE en el centro educativo.

Hay que educar a todos los niños, sin excepción, para comer correctamente, y esta es una tarea que se ha de llevar a cabo en equipo. No obstante, se puede establecer una programación que sirva de norma entre todos los profesionales que van a implicarse en el proceso.

1. Para comer con cuchara y tenedor.

Los aspectos que hay que tener en cuenta en el aprendizaje de esta actividad son:

- Sentarse correctamente en la mesa.
- Indicarle cuál es la cuchara y el tenedor, así como la mano con la que hay que cogerlos (generalmente es con la derecha, excepto si es zurdo).
- Los alimentos han de ser algo espesos, para que no se derrame el contenido del principio.
- Se le cogerá la mano para ayudarles a cargar los cubiertos y llevárselos a la boca. Después le cogeremos por la muñeca y, finalmente, por el codo. Se repetirá esta operación tantas veces como sea necesario, hasta que coja el hábito.

2. La técnica del cuchillo.

Es algo más complicada que la anterior, y se llevará a cabo de la siguiente manera:

- Se comenzará con alimentos blandos, fáciles de partir.
- Nos colocaremos detrás del niño, y le cogemos las manos, indicándole verbalmente lo que tiene que ir haciendo. Después le cogeremos por las muñecas y, finalmente, por los codos.
- A medida que el niño comienza a cortar, aunque no sea correctamente, le seguiremos instruyendo verbalmente, y observaremos su acción.

3. Para beber.

Antes de preparar al niño para realizar esta actividad, debemos estar seguros de que es capaz de tragar líquidos. Después habrá que tener en cuenta diversos aspectos:

- En un principio, los vasos deben tener asas para poder cogerlos mejor.
- El vaso no debe estar lleno hasta arriba de agua, de esta forma se disminuyen las posibilidades de que lo derrame en la mesa.

– El ATE se ha de colocar detrás del niño, ayudándole a coger el vaso, y dándole instrucciones verbales para que lo sujete bien.

– Se le ayudará a llevar el vaso hasta la boca y a que lo incline adecuadamente.

– Poco a poco el niño irá consiguiendo esta técnica, lo que al final le permitirá beber solo.

Este programa se repetirá cuantas veces sea necesario, hasta que el niño adquiera adecuadamente la técnica de beber.

Apoyos instrumentales referidos a la alimentación

Hay personas con muchas dificultades motrices que necesitan ciertos apoyos instrumentales para efectuar una alimentación adecuada. Para llevar a cabo la actividad de la alimentación de una forma correcta es necesario adaptar una serie de accesorios (estos aspectos han sido tratados en el capítulo dedicado al manejo de alumnos con discapacidad motórica):

– Las mesas y las sillas tendrán una altura que favorezca la posición del niño, ya que el acceso correcto al plato es esencial en este proceso.

– Los cubiertos (cucharas, tenedores y cuchillos) han de ser modificados, y tienen que llevar agarraderas y mangos especialmente diseñados.

– Los platos y vasos necesitan también ciertas adaptaciones. Cuchara, tenedor y cuchillo adaptados para facilitar la alimentación de personas con problemas motores.

Enuncie sintéticamente las directrices para contribuir como ATE a la adquisición de hábitos y conductas de higiene personal en personas con discapacidad.

Solución al supuesto n.º 12

La higiene en general es una de las maneras de conservar la salud y de prevenir muchas enfermedades. Es importante desarrollar una serie de pautas de higiene personal que orienten al niño hacia unas normas básicas de aseo.

Los niños con discapacidades graves necesitarán unos cuidados especiales, por lo que vamos a centrarnos ahora en el grupo de niños con menos déficit. Hay que ir aprovechando las posibilidades que presente al inicio del proceso, haciéndole comprender la comodidad de estar limpio, intentando por todos los medios que se acostumbre a pedir ayuda. Poco a poco conseguirá desarrollar su autoconfianza, llegando a una autonomía plena.

La higiene personal comprende varios aspectos en la vida de una persona: aseo corporal, limpieza de manos y cara, control de esfínteres, otros cuidados…

1. Aseo corporal

Para iniciar al niño en su aseo corporal, es conveniente tener en cuenta una serie de premisas. Al principio la realización correrá a cargo de los más cercanos, como pueden ser sus familias; no obstante, el ATE será el encargado en el centro educativo de llevar a cabo estas actividades. Puede ocurrir que el centro tenga internado, por lo que los padres serían los segundos en ocuparse del niño, teniendo que seguir el mismo programa que el ATE. Ambas partes deberán estar coordinadas.

Cuando el niño adquiera una madurez adecuada y comience a desarrollar ciertas habilidades con autonomía, se podrá intentar educarlo en su aseo corporal (estamos hablando de niños con trastornos leves). Para ello es necesario disponer de una bañera, cuyo suelo sea antideslizante (por posibles caídas), el agua se mantendrá a una temperatura de 38 ºC y se aconseja el uso de jabones neutros que no irriten las mucosas (ojos).

Durante los primeros baños se le irá ayudando dirigiéndole la mano; a medida que pasen los días, se podrá observar cómo adquiere autonomía, dejando, progresivamente, que se vaya bañando solo. Hay que establecer unas normas generales para el baño:

- Se ha de llevar a cabo a la misma hora, que bien pudiera ser la última de la tarde.

- Utilizar actividades de juego (que meta en el baño juguetes), como medio favorecedor para que el niño se acostumbre a bañarse.

- No dejar al niño en ningún momento solo, ya que es muy peligroso; cualquier percance puede hacerle perder confianza en sí mismo, con el consiguiente retroceso en el aprendizaje.

- En la medida de sus capacidades, estimularle para que vaya limpiándose con la esponja o una manopla cada una de las partes de su cuerpo.

- Desarrollar el hábito de aseo personal como una necesidad y no como una imposición que le haga coger fobia al baño.

- Para salir de la bañera es conveniente ayudarle hasta que consiga una plena autonomía.

- Es aconsejable el uso de una toalla grande para que le dé mayor autonomía de movimiento y no le suponga mucho esfuerzo.

2. Limpieza de manos y cara

La limpieza de las manos y de la cara es necesaria varias veces al día, razón por la que se ha de educar al niño específicamente en esta actividad y lo más pronto posible.

Vamos a explicar una serie de medidas que van a favorecer la limpieza:

- Es importante que el lavabo esté a la altura adecuada, y la toalla cerca del niño.

- Debemos contar con un espejo delante del niño para que pueda verse la cara cuando esté lavándose.

- El jabón que se debe utilizar no ha de molestar a los ojos y será neutro.

- Por último, nos colocaremos detrás del niño para explicarle y hacer con él (inicialmente) todo el proceso: una vez llenado el lavabo de agua tibia, el niño se mojará las manos y se las frotará una contra la otra; al principio le cogeremos ambas manos para ir dirigiéndole; posteriormente se las aclarará; a continuación podrá lavarse la cara y para ello utilizará una esponja o una manopla (debemos colocársela). Se irá frotando una mejilla, luego la otra, la barbilla, la nariz, etc., y así hasta terminar. Finalmente, aclarará la manopla en el agua y efectuará la misma operación. Una vez acabada ésta, podrá coger la toalla y secarse adecuadamente.

Durante el desarrollo de este programa, además de ayudarle manualmente iremos dándole instrucciones verbales para ir indicándole los pasos a dar, así como para corregir malos hábitos previamente aprendidos. El proceso se repetirá tantas veces como sea necesario, hasta que el ATE pueda pasar a una segunda fase de observador, interviniendo sólo en casos necesarios.

3. Otros cuidados de aseo

- Limpieza de oídos: debe hacerse durante el baño y se secará con una toalla suave. Esta limpieza es conveniente que la efectúen personas adultas hasta que se haga totalmente autónomo.

- Limpieza de fosas nasales: hasta que el niño sepa hacerlo solo, se le ayudará con bastante frecuencia, pues suelen tener bastantes resfriados. Posteriormente, se les enseñará a sonarse y limpiarse la nariz, primero tapando una fosa nasal y luego la otra.

–   Limpieza de uñas: el aprendizaje de esta técnica será bastante tardío, ya que requiere cierta habilidad y destreza para coger las tijeras o el cortauñas.

–   Limpieza de la boca: en cuanto observemos la buena disposición del niño, podemos iniciarlo en el cepillado de dientes. Para ello hay que humedecer el cepillo de dientes y echar pasta dentífrica; después, se cepillará de arriba hacia abajo, pasando a la parte externa y luego a la interna; por último, se enjuagará la boca, llenándola de agua y echándola fuera. Es conveniente habituar al niño a que realice esta operación después de cada comida.

Otro aspecto que no debemos olvidar es la necesidad de acudir al dentista periódicamente para revisiones del estado de la boca.

Como ATE, muy frecuentemente participará en la ayuda a la orientación y movilidad de las personas con discapacidad visual. Enuncie sintéticamente las directrices de esta intervención.

Solución al supuesto n.º 13

Lo primero que podemos decir al respecto es que la mejor forma de fomentar la autonomía e independencia del niño con discapacidad visual es evitar caer en actitudes de sobreprotección, ya que con ello estaremos limitando sus posibilidades de acción y desarrollo.

Es muy importante que el aprendizaje de estas estrategias se inicie a edad temprana.

Son fundamentales los programas de estimulación precoz en el bebé. Actuando de este modo, podemos conseguir, proporcionando los estímulos adecuados, que la ceguera no influya más de lo inevitable en el desarrollo global del niño, y que la dificultad en la movilidad y conocimiento del entorno se vea reducida al mínimo, ayudándole a que los problemas posturales y de marcha, la adquisición del esquema corporal y la comprensión de conceptos espaciales y ambientales sean superados con éxito.

Es necesario, o al menos deseable, proporcionar al niño invidente un mayor número de oportunidades para que pueda desarrollar habilidades sensoriales y de conocimiento del entorno. Hay que facilitarles la libre exploración (aunque segura) a través del tacto para que tome conciencia de los objetos que le rodea. Se les debe animar, asimismo, a que practiquen sus habilidades motoras y los conceptos relacionados con el espacio. La forma más fácil de implicar al niño en estas tareas, cuando es pequeño, es el juego. Cuando son algo mayores (entre doce y catorce años) las clases de Educación Física se han revelado como el momento más apropiado para trabajar temas como la movilidad y el desplazamiento de los alumnos con discapacidad visual, utilizando para ello instrumentos adaptados como puede ser el balón sonoro. Pero fuera del ámbito escolar, también se pueden poner en prácticas estos juegos deportivos, pues son objetos de gran aceptación por parte de los niños.

La ayuda verbal es importante para establecer puntos de referencia, conocer los cambios de elementos móviles en lugares habituales, las características de acceso a un lugar determinado, etc.

El conocimiento del sistema Braille, en el marco de una ciudad sin barreras arquitectónicas, también supone un paso más en la independencia del individuo. Así, por ejemplo, estaremos facilitando la autonomía del niño con algo tan simple como poner la numeración de un ascensor en sistema Braille. Si además va acompañado de un indicador sonoro de la planta en que se encuentra, mucho mejor.

Otro ejemplo de supresión de barreras arquitectónicas los encontramos en los dispositivos acústicos acoplados a los semáforos que indican cuándo se puede cruzar, como ya hemos dicho al inicio de este punto.

Si queremos favorecer la independencia del niño con discapacidad visual, es necesario que conozca todas estas medidas y dispositivos que se ponen en práctica en una ciudad sin barreras (por la que se lucha desde muchos y muy diversos colectivos). De esta manera, el niño con discapacidad visual podrá disfrutar de una mayor autonomía utilizando todos los medios que se ponen a su alcance.

Por último, existen también una serie de técnicas de orientación y movilidad a disposición del niño con discapacidad visual. Las más importantes son:

– **Guía vidente**: se trata de una persona vidente que ayuda al la persona con discapacidad visual (niño o adulto) en sus desplazamientos. De entre todas las técnicas, esta es la que menos independencia proporciona, ya que requiere, más que una implicación activa, la confianza en el guía. Aunque sea la que menos autonomía proporciona, sí está indicada para los niños más pequeños.

– **Uso del bastón**: es el método más extendido. Se utilizan dos técnicas principalmente: la técnica en diagonal y la técnica rítmica, también llamada método de arco.

El uso del bastón debe ser enseñado por una persona especializada, normalmente en un centro de la Fundación ONCE. Además, el invidente debe tener un buen nivel de autoestima y aceptación de su problema. Muchos niños, especialmente en la adolescencia, rechazan el uso del bastón por vergüenza o por temor a que los demás vean que es ciego. Si nos encontramos ante un caso de este tipo, la tarea primordial es ayudar al niño a que sea capaz de utilizar el bastón, no en el sentido de enseñarle la técnica, sino de forma que aprenda a aceptar su uso.

Si el niño aprende a manejarse bien con el bastón, obtendrá un alto grado de autonomía.

– Perro guía: es un perro adiestrado por expertos para que sirva de guía a la persona con discapacidad visual.

Su uso requiere que el individuo posea cierta autonomía, siendo éste el requisito principal para la concesión de un perro guía. Por lo tanto, no es una medida usual en niños.

Como ATE, con frecuencia interviene en la planificación y desarrollo de juegos con niños con distintos tipos de discapacidad. Enuncie las características generales de la intervención, así como los tipos de juegos que se pueden plantear y el papel del ATE en la planificación y desarrollo de los mismos.

Solución al supuesto n.º 14

Entre las diferentes tareas que realiza el ATE se encuentra la participación en la ejecución de actividades de ocio y tiempo libre. Estas son de vital importancia para conseguir un mejor desarrollo de la personalidad de los niños que plantean Necesidades Educativas Especiales (NEE); estos niños, debido a sus limitaciones, necesitan gozar de oportunidades para poder expresarse en la medida de sus potenciales, para el logro de un desarrollo óptimo, bien sea mediante recreos, salidas, excursiones, etc.

Debemos tener en cuenta, a la hora de trabajar con niños diferentes, que las actividades deben ser:

– Abiertas, flexibles e integradoras.

– Que contribuyan a la ampliación de las experiencias de los niños.

– Que estén relacionadas con su vida cotidiana.

– Que les sirvan para transmitir sus ideas o emociones, ya que a veces tienen bastante dificultad para comunicarse.

A la hora de plantear actividades para el tiempo libre tenemos que considerar:

1. Para qué tipo de discapacidad hay que programar los ejercicios (mental, motórico, conductual).

2. Los objetivos estarán en función de capacidades.

3. El tiempo del que disponemos.

4. Concretar las actividades a desarrollar.

A continuación, vamos a comentar el programa de actividades a desarrollar con niños con NEE:

– Ya que estos niños tienen tendencia a aislarse del resto, deberíamos partir de la base de la socialización, para realizar en grupo la mayoría de las actividades.

– Hay que comenzar desde la propia experiencia del niño; lo ideal sería que ellos mismos participasen ayudando en todas aquellas tareas que ya saben realizar de antemano.

– Hay que promover la participación y crear un clima motivacional idóneo para la ejecución de las actividades planteadas.

– Hay que facilitar la coeducación, es decir, el contacto entre niños de ambos sexos.

Otro aspecto a tener en cuenta respecto al planteamiento de actividades sería partir del medio donde se desenvuelven los niños. Hay unos principios de aprendizaje que nos dicen que «hay que ir de lo conocido a lo desconocido», «de lo próximo a lo remoto». Esto quiere decir que en el caso del niño al que le cuesta realizar ciertos aprendizajes es mejor partir de todo lo conocido, partir de él mismo, de su cuerpo, de sus sentidos, para llegar a conocimientos superiores. Al trabajar con los objetos, es primordial comenzar por aquellos que le son más familiares, manipularlos, y llegar a conseguir que los pueda reconocer en cualquier espacio o lugar donde se ha de desenvolver. El aprendizaje del medio implica ayudar a los niños a ampliar progresivamente los ámbitos de su experiencia, a poner en marcha los primeros mecanismos de análisis de la realidad, a interaccionar con ella, y a potenciar la capacidad de situarse y desenvolverse en los grupos sociales de los que forma parte.

Se pueden organizar paseos y salidas, siempre y cuando tengamos planteado en nuestro proyecto el «aula abierta» al entorno. Decroly en sus escuelas consideraba la relación del entorno socionatural como un criterio que favorece el buen aprendizaje.

La granja-escuela es otra de las actividades que se viene realizando en muchos lugares; generalmente estas granjas suelen pertenecer a entidades privadas; en ellas permiten la realización de tareas de campo (plantar, regar, etc.). La experiencia que el niño adquiere es a través de esta relación con la propia granja, descubriendo las ventajas que puede proporcionar y donde puede poner en práctica las normas de vida campestre.

La figura del ATE no sólo va a garantizar la seguridad de los niños sino que también es un eslabón más dentro del proceso educativo. El ATE ha de ser un participante y animador, tanto en las actividades deportivas como en el juego, y ha de tener en cuenta:

- Que las actividades sean dinamizantes, pues los niños con discapacidad intelectual necesitan de situaciones motivantes para no caer en el retraimiento.

- En su papel de animador, debe conseguir respuestas positivas y no frustrantes.

- Que los objetivos sean claros, impidiendo que los participantes se distraigan o fatiguen.

El juego es un medio de aprendizaje espontáneo y de ejercitación de hábitos intelectuales, físicos, sociales y morales; constituye un importante factor del desarrollo armónico, por lo que su evolución y observación sistemática son imprescindibles en la dinamización de cualquier actividad.

Se pueden clasificar en tres grupos generales:

1. **Juegos funcionales**: es la forma más primitiva del juego. Comienza cuando el niño descubre las partes de su cuerpo y realiza acciones de reconocimiento. A medida que pasa el tiempo introduce otros objetos como fuente de observación y manipulación.

2. **Juegos simbólicos**: consisten en la representación de un objeto o situaciones ausentes; son, por tanto, imitativos o imaginativos. Al imitar situaciones reales, se hacen cada vez más sociales.

3. **Juegos de reglas**: las normas o reglas forman parte de la estructura de cualquier grupo; los juegos de reglas varían con la edad. En este tipo de juego se entrenan para lo que será el mundo social.

Dado que estamos hablando de niños con NEE, nos interesa una clasificación de los juegos según el fin que persigan. Es por ello por lo que hablamos de:

1. **Juegos motóricos**: diseñados para conseguir un adecuado desarrollo psicomotor:

    – Juegos naturales: son los que utiliza el niño normalmente (caminar, correr, etc.).

    – Juegos con movimientos analíticos: se trata de utilizar movimientos que ayuden a localizar las diferentes partes del cuerpo.

    – Juegos generados: son los que pueden dar origen a ciertas acciones tales como empujar, flotar, patinar, etc.

2. **Juegos sensoriales**: son juegos que ayudan a la educación de los sentidos:

    – Oído: se apreciarán cualidades del sonido, el silencio, características del habla, etc.

    – Vista: se realizan ejercicios atendiendo al tamaño, al color y a la forma de las cosas.

    – Tacto: dispondremos de materiales de diversas texturas, con el fin de agudizar la sensación táctil.

    – Gusto y olfato: al igual que con el tacto, se usarán diversos objetos para diferenciar olores y sabores.

3. **Juegos psicológicos**: para realizar este tipo de juegos es conveniente conocer el desarrollo intelectual del niño con el que vamos a trabajar, estableciendo así diferentes grados de dificultad:

    – Juegos de colores y de formas.

    – Rompecabezas y puzzles.

    – Juegos familiares, de asociación, etc.

Según el tipo de agrupamiento pueden ser:

1. **Juegos colectivos y sociales**: es muy importante que el niño con discapacidad se relacione con los demás, al mismo tiempo que adquiere independencia y autonomía personal. Se pueden utilizar juegos referidos a:

    – Mímica: estos niños pueden comprender y expresarse mejor a través de gestos.

– Socionaturales: se pueden hacer representaciones de su entorno social e imitar a diferentes seres vivos.

– Familiares: se pueden desarrollar juegos que desempeñan los diferentes roles de la vida familiar (tiendas, fiestas, etc.).

2. **Juegos individuales**: son más libres, y se prestan a trabajos personalizados, para terapias muy concretas, mientras que los juegos colectivos permiten la socialización, colaboración, participación, agrupamiento, orientación, juegos reglados, etc.

Según el lugar donde se vayan a desarrollar, los juegos pueden ser:

1. **Juegos de patio**.

2. **Juegos de aula**.

El aprendizaje de un niño se puede realizar tanto dentro como fuera del aula ya que, en función de la actividad que se vaya a realizar, se optará por uno u otro. Generalmente, los juegos que se llevan a cabo en el aula están relacionados con los ejercicios programados del profesor tutor, mientras que los realizados al aire libre son los que el niño realiza por su cuenta, ya sea en el tiempo de recreo, en el parque, salidas, excursiones… Para los juegos de patio se debe disponer de materiales tales como el balancín, neumáticos, tobogán, laberintos, arena, etc. La mayoría de las veces el niño con discapacidad jugará solo, de ahí que tengamos que valernos de medios educadores que le motiven a la participación. Hay elementos del ambiente que en sí mismos tienen componentes motivacionales, como ocurre con muchos objetos y es por ello por lo que debemos conocer estos para conseguir la colaboración e integración del niño; este quiere saber cómo son y cómo funcionan las cosas que hay a su alrededor; todo lo que ve le interesa manipularlo, tocarlo, descubrirlo.

El **deporte** en la Educación Especial ha de tener un carácter educativo. No se deben promover los deportes competitivos ya que podría ser perjudicial para la integridad psíquica de los niños. El deporte tiene que ser visto como una actividad con carácter integrador, así como un medio para el desarrollo motor del niño con discapacidad. Es importante tener en cuenta el tipo de discapacidad antes de programar las actividades deportivas.

Todas las sesiones de educación física deben:

– favorecer el desarrollo físico y psíquico,

– permitir que las conductas motrices se precisen y diversifiquen,

– favorecer el desarrollo de la personalidad en general.

La actividad motriz se fundamentará en:

– dejar que niño actúe espontáneamente,

– posteriormente intervenir en el desarrollo de la actividad.

Se ha de establecer un horario flexible, y el local donde se realicen las actividades deportivas debe contar con unas condiciones mínimas que permitan el acceso y la utilización del mismo.

Los **campamentos y centros vacacionales** son lugares donde se puede formar e integrar a los niños con NEE. Son múltiples las posibilidades que las vacaciones ofrecen al niño deficiente, permitiendo tanto alcanzar las primeras experiencias como adquirir nuevas habilidades.

Así, estos centros son un medio apropiado para desarrollar actividades y nuevas experiencias en los que se ayuda al niño a conseguir mejores destrezas y confianza en sí mismo. Las actividades han de ser diferentes a las habituales en un centro escolar; en general, partiremos de lo que el niño sabe, y observaremos cómo se desenvuelve éste; posteriormente utilizaremos el aprendizaje por descubrimiento.

Se puede decir que el **valor didáctico** del juego depende de:

- La planificación educativa.
- El interés que despierte en los niños.
- El análisis previo del grupo.
- Las posibilidades de acción que ofrece.
- La adecuación al nivel del desarrollo del niño.

El ATE ha de ser capaz de:

1. Organizar espacios y tiempos.
2. Preparar y seleccionar materiales.
3. En el ámbito social, crear un clima equilibrado y sereno.
4. Fomentar actitudes adecuadas.
5. Observar los comportamientos durante el juego.
6. Elaborar ficheros de juegos.

Su **intervención directa** se traduce en:

1. Jugar con el niño.
2. Enseñarle nuevas posibilidades de juego.
3. Proporcionar modelos de conducta.
4. Favorecer el proceso de solución de conflictos.
5. Desarrollar actividades lúdicas.

A continuación se enuncian una serie de cuestiones en las que se describen características y situaciones con niños adolescentes. Debe determinar si son situaciones normales o hay algún trastorno, en cuyo caso debe justificar cuál sería el desarrollo normal.

a) Adolescente que se muestra triste, decaído y no expresa su preocupación, baja su motivación y nivel de comunicación familiar.

b) Adolescente que duda sobre su orientación sexual.

c) Adolescente que tras una historia de normalidad y obediencia comienza a cometer hurtos y gamberradas.

d) Adolescente con dificultad para comprender enunciados abstractos e hipotéticos.

e) Adolescente que mantiene relaciones conflictivas con su familia, aunque siempre ha sido un niño comunicativo y poco beligerante con las indicaciones y consejos de los padres.

Solución al supuesto n.º 15

a) El problema emocional más frecuente que se presenta en la adolescencia es el estado depresivo, que normalmente no es evidente para los demás porque el sujeto no manifiesta su problema ni sus inquietudes. Algunos signos que pueden indicarnos que el adolescente pasa por una depresión son la ingesta excesiva de alimentos, la somnolencia y la preocupación excesiva por la apariencia física.

b) La problemática sexual del adolescente puede ser de distinta índole e importancia.

En ocasiones la problemática sexual viene dada por las dudas sobre la propia orientación sexual (homosexualidad o heterosexualidad).

c) Una pequeña minoría de adolescentes tiene problemas con la ley que pueden reflejar una cultura familiar o ser el resultado de la infelicidad y el malestar emocional.

d) La capacidad para desarrollar un pensamiento abstracto y realizar operaciones formales se puede potenciar ejercitando el pensamiento a través de:

- Razonamientos hipotético-deductivos.
- Asimilación de la información compleja (verbal o no verbal).
- Elaboración de hipótesis y estrategias para la resolución de problemas.
- Control y comprobación de variables e hipótesis.
- Reconocimiento de los elementos de un problema y sus relaciones.
- Desarrollo de distintos códigos de representación (lenguaje, esquemas, dibujos, etc.).
- Introducción al método y pensamiento científico (formulación de hipótesis, observación y experimentación controladas, comprobación de hipótesis y elaboración de explicaciones y teorías).

e) Una de las principales características del adolescente es el deseo de independencia respecto a los padres. Estos pueden sentirse rechazados, pero este rechazo es sólo aparente y necesario para que el adolescente llegue a convertirse en un adulto con identidad propia. Los jóvenes se debaten entre el deseo de querer alejarse de los padres y darse cuenta de cuánto dependen todavía de ellos.

Aunque las discusiones entre padres e hijos son frecuentes en esta etapa, la mayor parte de los adolescentes se sienten muy ligados a sus progenitores, piensan de manera positiva con respecto a ellos y adoptan valores semejantes en asuntos importantes. Los conflictos no tienen nada que ver con la personalidad de los padres, sino con el hecho de que es de ellos de quienes quiere independizarse y por lo tanto pondrá en tela de juicio y discutirá cualquier intento de control sobre ellos. Los motivos de discusión más frecuentes en las familias con hijos adolescentes son: el trabajo escolar, los quehaceres domésticos, los amigos, la apariencia personal y la hora de llegada.

Auxiliar Técnico/a Educativo/a
Test y supuestos prácticos

El uso de los códigos **es exclusivo de los compradores de los productos de Editorial MAD**. Cada producto posee un código único y de un solo uso. Es personal e intransferible y da acceso a servicios y contenidos adicionales. Editorial MAD se reserva el derecho de hacer cuantas comprobaciones sean necesarias para identificar al legítimo poseedor del código y dejar de dar servicio a quien haga uso fraudulento del mismo, además de emprender cuantas acciones legales estime oportunas según la legislación vigente.

Deberás acceder a:

mad.es/registro-campus

Si una vez aceptadas las condiciones de uso del Campus decides hacer uso del mismo, necesitarás del siguiente código de acceso junto con los códigos del resto de títulos que se exigen (si fuera el caso):

QT38A2PYND